锤子营销学

如何卖锤子

[加]比尔·毕晓普——著
（Bill Bishop）

严雪华 王丽云——译

THE NEW
FACTORY THINKER

中国科学技术出版社
·北　京·

北京市版权局著作权合同登记　图字：01-2022-3564。

图书在版编目（CIP）数据

锤子营销学：如何卖锤子 /（加）比尔·毕晓普
（Bill Bishop）著；严雪华，王丽云译 . — 北京：中
国科学技术出版社，2022.11
书名原文：The New Factory Thinker
ISBN 978-7-5046-9796-7

Ⅰ.①锤… Ⅱ.①比… ②严… ③王… Ⅲ.①市场营
销学 Ⅳ.① F713.50

中国版本图书馆 CIP 数据核字（2022）第 160667 号

策划编辑	赵　霞	
责任编辑	赵　霞	
版式设计	蚂蚁设计	
封面设计	仙境设计	
责任校对	吕传新	
责任印制	李晓霖	

出　　版	中国科学技术出版社	
发　　行	中国科学技术出版社有限公司发行部	
地　　址	北京市海淀区中关村南大街 16 号	
邮　　编	100081	
发行电话	010-62173865	
传　　真	010-62173081	
网　　址	http://www.cspbooks.com.cn	

开　　本	880mm×1230mm　1/32	
字　　数	140 千字	
印　　张	7.75	
版　　次	2022 年 11 月第 1 版	
印　　次	2022 年 11 月第 1 次印刷	
印　　刷	北京盛通印刷股份有限公司	
书　　号	ISBN 978-7-5046-9796-7/F·1050	
定　　价	59.00 元	

大河恋

将市场想象成一条河流，湍流不息，时缓时急，从不停止变化。就像希腊哲学家赫拉克利特（Heraclitus）所说的那样：人不能两次踏进同一条河流。

有一种常识是，市场的变化就像河流一样。过去几十年间发生了深刻变化，我们都深受影响，因为互联网、智能手机、电商和社交媒体等影响或彻底改变了每个行业。我们还看到如新冠肺炎疫情之类的突发事件对经济的影响。

有趣的是，当我们考虑未来的时候，更倾向于相信未来与当下大致一样。我们总是追求安全和保障，渴望握紧手中所拥有的一切，不希望未来与如今迥异，也不想放弃我们所珍视的一切事物。但"河流"并不关心你或你的企业的想法，它只顾奔流向海。我的主要观点是：如果不去思考"河流"的流向，就会招致灾难并丧失良机，让我们只会执着于当下和过去。就像菲茨杰拉德（Fitzgerald）在《了不起的盖茨比》（*The Great Gatsby*）结尾处所写的那样：

盖茨比信奉这盏绿灯，这个一年年在我们眼前渐渐远去的极乐的未来。它从前逃脱了我们的追求，不过那没关系——明天我们跑得更快一点，把胳臂伸得更远一点……总有一天……

于是我们奋力向前，逆水行舟，被不断地向后推，被推入过去。

菲茨杰拉德指出的是我们容易将过去投射到未来，并因此看不到未来真正的预兆。你在个人生活中可能会从这种妄想中摆脱而无恙，但在企业中，这种妄想是致命的。想在颠覆和变幻莫测的时代中繁荣发展，你必须思考"河流"的走向。否则你有可能被一脚踢开。那么市场之河究竟流向哪里呢？在本书中，我们审视了三个大趋势：去物质化、网络定位和卓越的价值创造。了解这三个趋势，你就能为自己的职业或企业做出更好的决策。让我先简单描述一下这三个趋势。

去物质化：我们正在见证促进经济增长的方式发生了前所有未有的转变。在大约1990年之前，经济增长离不开资源开采。这么多年来，经济随着我们开采地球资源的能力变强而增长。但现在这一趋势发生了逆转：经济通过减少对地球的开采而增长。例如，现在的汽车比之前轻很多，因为我们使用了更少的材料来制造汽车，并因此使用更少的能源来驱动它；智能手机取代并整合了很多小件物品，视频数据取代了家用录像系统和数字多功能光盘（DVD）播放器（以及录像带商店）；我们还用更少的土地来种植作物，并减少了对树木的砍伐（因为我们对纸张的使用变少了）。

随着我们不断向未来迈进，越来越多的事物将会消失（去物质化），同时我们仍然能够得到相同甚至更多的益处。那是因为企业和消费者都有着同样的动机：使用更少的资源获得更好的结果。

去物质化的发生是因为电脑和机器人的发展速度快了，智能程度高了。它们的工作，也是唯一的工作，就是寻求使用更少的资源获得更好的结果。想想你手机上的导航软件是用来做什么的？是让你尽可能快速、高效地到达目的地。未来数十年，人工智能和机器学习的发展速度将发生指数级的变化，人们会找到去物质化的新方式。这样的结果是：东西变少，能源变少，人变少，钱变少……任何有形的东西都将变少。

去物质化的影响是深远的。如果你在一家依赖于开采或加工有形材料的企业，那你的前途很可能会日益暗淡。因为新工厂基础设施的日益扩张将与你的职业发展背道而驰。当然，旧工厂思维者或基于有形资源发展的经济体并不欢迎这个消息，因为它们不接受去物质化。它们还将继续对抗，在大势之河上逆流而行。

要在新经济中获得成功，你需要专注于无形的事物：目的不仅是提供更多无形事物，而是辅助有形事物的去物质化。在本书的最后章节，就你可以提供的无形价值的种类，我给出了大量建议。

网络定位：人们每天去办公室、工厂、仓库、医院、学校或农场之类的地方工作。如果有人问他们在哪里工作，他们会很自然地说，我在市区的办公楼里上班，或者我在郊区的一所学校上班。但那不是他们真正的工作之处。

如今，我们更换了工作场所——在互联网上工作。这几乎是我们所有人工作的地方。我们将大部分时间用来交换数据，并与客户、供应商和团队成员沟通，这一切都在网络上发生。我们还愈来愈多地在网络上进行创作并出售产品和服务。但很多人认为，那不是自己的工作场所。另外，很多人依然认为，自己在线性流水线上工作，同时还在空间设计网络中操作。这就像把曲棍球装备带到了瑜伽课上，因为在流水线上取得成功的技能和感受与在网络中所需的那些并不一样。

例如，在流水线上，你收到一项任务，你的目标是完成这项任务。监工不希望你心里想着其他人在流水线上做什么。他不希望你东张西望，三心二意，也不希望你与流水线上的其他人走得很近，而只希望你集中注意力完成自己的任务即可。监工不关心你是否真的了解流水线的目的，也不希望你去想其中的道德或精神内涵，你只需要闷头做事就好。

但是在网络经济中，恰恰需要你东张西望，三心二意。你的工作是寻找新环境中的工作模式，发现之前未发现的问题，然后创造性思考，并与其他人共同找到新颖的解决方案。你还需要不断创新，不断寻找创造价值的新方式。价值创造是连续的。你还需要有强烈的目标感和道德感，才能吸引更多的理想客户（订购用户和会员）进入你的网络和价值枢纽。只有做一个多面手，精通大量的技能、兴趣和智力追求，你才能在网络中更有影响力和潜力。

绝大多数人接受的教育和培训，只适用于某种流水线上的工作，所以我们没有发展出精通网络经济所需要的神经通路和创意技巧。学会本书中的新工厂思维可以让你踏上这条路，它可以让你为了新经济重整思维。

卓越的价值创造：旧工厂思考者充满了竞争意识。他们击败竞争对手，成为最强的那个，他们迫切地想赢。但新工厂思维者选择了另一条路——创造卓越的价值。

当我们身处竞争中，我们关注的是对手在做什么。我们想打造最好的律师事务所，或者最好的出租车公司。我们目不转睛地盯着对手的举动，想方设法地超过对方。这种竞争在旧工厂经济中或许是有效的，在新工厂经济中却行不通。有两个原因：第一，在大部分行业中，竞争公司的数量即便不是数以百万计，也是成千上万的，就像一场四万人的马拉松，你很有可能并不能赢得比赛；第二，一直想着你的竞争者，会让你钻入一个"泡泡"，而你看不到"泡泡"外面的世界，导致你最终的结局很可能就像被移动出行App重挫的出租车公司，或者像被爱彼迎（Airbnb）半路伏击的酒店公司。总之，你会错失良机。

幸运的是，你可以学习如何通过更高层次的价值创造来赢得竞争。如果在你的行业中，大家都在卖热狗，你可以增加一款美味佳肴；如果你的竞争对手提供的是基础产品和服务，你可以为客户提供更高级的会员计划。

新工厂思维者始终在思考如何把所有事物提高到更高的层次。他们意识到99%的价值创造的机会还没被发掘。他们认为这样的机会无处不在。他们还知道，年复一年待在同样的地方，做着同样的事情，在新工厂经济中会招来厄运。

去物质化、网络定位和卓越的价值创造是流入新工厂这条河的三条支流。它们互相结合，以更快的速度从根本上扰乱和改变着当前的市场和经济。

你的选择十分明确：不停地划桨，在河流中逆流而上，或者放弃挣扎，顺其自然。我推荐后者，因为这样更有乐趣并且更容易获利，还能帮你发挥自己的全部潜力。

在本书的最新版本中，我们将探索你能够获得的最大机会。我们设计了新工厂思维五步蓝图（图1），即决定你真正想服务的对象、赋予大理念、提供免费价值、把客户变为会员、让会员进入一站式商店，并就如何创造和包装新型价值给出诸多想法。此版本还包含一些图示和插图，有助于你

图1 新工厂思维五步蓝图

思考新工厂思维的一些原则，但它们往往是反直觉的。我曾在演讲和工作坊中讲授新工厂思维，还与"大想法冒险培训计划"的会员举行会谈，并基于上述经验更新了一些术语。我改进了一些词语和表达方式，令概念更易于理解和应用。

在本书中，你将学到如何使用新工厂思维五步蓝图来设计和打造你的新工厂，为未来做好准备。

新市场，新思维

当我为租赁邮件收发机写下另一张700美元的支票时，我知道未来追上了我，而我并没有预见它的到来。

3年前，我认为自己是个天才。我手握为超过100位客户发布新闻稿和邮寄杂志的合同。我利润最丰厚的收入来源是向我的客户和潜在客户邮寄刊物。为此，我们租了一台每小时能够发出成百上千份信的高速邮件收发机。这是一台价格昂贵的设备，但我很喜欢它。每封信通过机器都意味着一件事：钱。信越多，钱越多。机器高速运转的声音对我而言如音乐般悦耳。

可是到了20世纪90年代早期，市场状况发生了变化。

企业所有者们从纸质营销工具转向了数字工具。客户对我的打印产品的需求逐日下滑。邮件收发机打印信件的美妙声音不再频繁，而我也越来越不开心。有一天，财务公司打来电话，问我之后6年是否愿意续租这台机器。稍做思考之后，我同意了，因为即便业务量正在下滑，我依然还有不少邮寄生意。我发现自己没有其他事可做。

3年后，邮件收发机安静地摆放在邮件收发室里。再没有人发送纸质新闻稿了，一切都走向了数字化。但我仍需要每个月支付700美元。

这次令人不快的经历给我上了一课。当你经营一家企业时，过去怎么样并不意味着将来也会怎么样。当你购入具有长期性的资产时，例如，一台邮件收发机，你无法保证这一资源在未来一直有用，但你没法将其丢开，因为那样会花很多钱。

现在我意识到，租赁邮件收发机就是我当时所抱持的旧工厂思想的表现。我的商业思维还在旧的操作系统上运行，而这个操作系统在工业革命开始时已经被纳入了我们的文化集体意识中。带着旧工厂思维，我看不到世界如何变化，因此做出了糟糕的商业决定。在这个例子中，我的错误思维让我损失惨重。

这就是我写这本书的原因：帮助你认识到自己的旧工厂思维，重整思维，让你在新工厂经济中存活、成功。为了明确我的意思，请考虑以下三个场景：

场景一：你身处1998年苹果（Apple）公司的一场会议上。高管们正在就如何卖出更多电脑展开头脑风暴。各种建议漫天飞舞：也许我们可以降低电脑的价格？也许我们应该增加广告预算？也许我们应该拓宽零售网络？一名新上任的管理人员站在房间后面，这时举手说："我认为我们应该销售音乐。"我的问题是：你是同意还是反对这个想法？

场景二：1990年，你遇见了霍华德·舒尔茨（Howard Schultz）。他对自己这家叫星巴克的公司充满了想法。他告诉你他的愿景："我们要将一杯咖啡卖到5美元。"我的问题是：1990年，一杯咖啡的平均价格是50美分，你会支持舒尔茨一杯咖啡卖5美元的想法吗？

场景三：1990年，你参加了帕洛阿托（Palo Alto）的一场会议。两个人发明出了一个叫"搜索引擎"的东西，而且吸引了很多用户。发明者想给自己的公司起个名字，有人建议他们给公司起名为"谷歌"（Google）。我的问题是：你是同意还是反对这个名字？

我个人对这三个想法都会投反对票。当然我们知道后面发生了什么，我很想说我会选择赞成，但我知道我心里是不同意的。企业培训师的经验告诉我，大部分人也会投反对票。这不是因为他们缺乏才智或想象力，而是因为他们的想法是围绕过去的市场，而非未来的市场。这是个很大的问题，因为这种陈旧的思维，也就是我说的旧工厂思维，使他们不能完全发挥自己的潜力。它还可能导致数以百万计的人们陷入经济困境。

在旧工厂时代，公司的组织形式像一条条流水线。这种流水线结构影响了社会的方方面面，包括教育系统、政府、组织机构、城市规划、家庭经济，最重要的是我们的思维方式。

我们现在对商业的看法已经过时。过去200多年来，工业革命使得我们以某种特定的方式进行思考，具体来说就像一条流水线：线性的、等级式的，并关注效率。这让我们相信，增加消费是经济的首要目标，在市场中取得成功的关键是尽可能多地生产和销售产品与提供服务。我们的工业化流水线思维还让我们把市场当成了一个充满竞争的战场，需要去争夺稀缺的资源。长久以来，这种思维一直发挥着效用，已经成为无可争议的成功思维模板。

但是旧工厂思维现在已经过时了，因为经济和市场在根本上发生了变化，它们从流水线结构变成了价值枢纽结构。工业流水线被互联网取代，也就是全球互联关系网络，并成为经济的主导性生产方式。

在新工厂时代，互联网取代流水线成为新的生产方式。为了在这个网络化（非线性）环境中得到长足的发展，需要新的技能、战略和感受力。无论企业还是个人都成为一个网络中的"价值枢纽"，而不再需要在流水线上找到自己的位置。

从流水线经济（旧工厂）向价值枢纽经济（新工厂）的转变正导致前所未有的不可逆转的变化。日益激烈的全球竞争压低了传统产品和服务的利润率，旧工厂公司不得不削减成本。一个经常性的做法就是用电脑和机器人来取代人类。很多旧工厂公司逐渐被边缘化，或干脆无法继续经营。另外，消费者心理也发生了变化。经过新技术赋能并广泛接触外界信息，他们看待世界的眼光发生了变化，在市场中也采取了不同的做法。讽刺的是，营销者用来触达消费者的技术，同样使得消费者更容易躲避营销者，销售成本因此上涨。在这些状况之下，旧工厂思维不再奏效。这也是我写这本书的原因：教你一种新的思维方式，它能更适用于我们如今所生活的世界。

这本书中所讨论的很多问题和想法会让你觉得不舒服，挑战你的既定思维方式并不好玩。你可能会惧怕即将发生的事情，期盼它不会发生；你可能会担心你的工作、你的企业，或者你家庭的未来，但随着进一步的阅读，你会发现新工厂思维比旧工厂思维更让你感到兴奋并充满干劲。你会意识到你为自己设置了不必要的限制；你会了解旧工厂思维阻碍了你彻底发挥潜力；你会发现更大的成功并非源自更努力地工作（你已经够努力了！）或者是更聪明地工作；你会发现更大的成功只会发生在你从根本上转变思维方式之后。

通过新工厂思维，你将体验到各种想法的爆炸，思考如何在市场中提供全新的、更有利润的价值。你将重新定义"价值"，并理解在新工厂经济中，价值和财富是通过旧工厂经济中不可想象的方式来创造的。你还将看到构建自己的新工厂思维也非常简单有趣。

构建新工厂思维的第一步是承认你目前拥有的旧工厂思维。坦率地说，你要接受你的思维是为过去而非将来而设置的。为了说明我的意图，让我们回顾一下前文中提到的场景。

苹果公司的故事。当有人建议他们销售音乐时，他们自然的反应是负面的。一家电脑公司为什么要做音乐生意？那是个不同的行业。那不是他们擅长的领域。他们是一家电脑公司，不是音乐公司。因为被禁锢在有限的自我定义（电脑公司）中，苹果公司的大部分员工刚开始时否决了这个想法。当然，我们现在知道了这是一个绝佳的想法。通过向音乐领域扩张，苹果成为一家与众不同的公司。一旦突破了"只卖电脑"这个障碍，他们就不可能为能做什么和不能做什么再设置任何限制了。这种正面经历打开了他们的思维，让他们看到了很多其他价值创造的可能，例如，苹果手机、平板电脑、应用程序、电影和电子书。当然，从来就没有什么真正的限制，限制只存在于他们的思维里，不存在什么一定之规。阻碍他们进入其他行业的只有旧工厂思维。

所以，当有人建议你可以提供超出自己所处行业或产品/服务品类的价值时，先别急着把这个想法扔进垃圾桶。注意自己的旧工厂思维，要知道，在新工厂市场中，身处哪个行业并不重要，你的客户对此并不关心，当你成为一个价值枢纽时，传统行业的定义压根与你毫不相干。问问自己，苹果公司属于哪个行业？是处于电脑行业、音乐行业，还是通信行业？一旦成为价值枢纽，处于哪个行业对苹果公司而言并不重要。苹果公司就是它自己的行业，它身处为客户创造价值的行业。

　　星巴克的故事。1990年，大部分人都会拒绝舒尔茨要将一杯咖啡卖5美元的建议。"明明50美分就能买到一杯咖啡，怎么会有人愿意花5美元呢？"他们这么问道。旧工厂思维者无法想象这样的场景，所以他们没有试图找出答案。但舒尔茨相信，"如果我们真的做了，就会有顾客来"。事实的确如此。今天，每天都有数以百万计的人在买一杯5美元的咖啡。

　　这种旧工厂思维很正常。当我向企业主建议，他们的客户会为某件东西支付超出市场平均价格10倍的钱时，他们嗤笑不已。"我们的客户才不愿意付更多钱，更别说是10倍的钱。"他们说。然后我问他们："客户支付超出市场平均价格10倍的钱买什么？"他们看不到机会，因为他们被困在旧工厂思维中了。他们的旧工厂行业竞争激烈，高度商品化，所以他们认为价格是唯一的差异化方式。客户要求最低的价格，于是他们试图给出最低的价格。所以当我指出他们的客户可能会支付10倍的价格时，他们便觉得无法想象。他们的思维决定了他们看不到这样的可能性。

　　谷歌的故事。你可以不承认，但我敢保证，你可能会反对给公司起名为谷歌。你可能会说："这是个疯狂的名字。它没有任何意义。感觉很怪异，没有人听得懂。这名字让我们看起来很蠢。这太冒险了。"

　　我之前也是这样认为的。在我刚开始写书时，我会起一些很乏味的标题。我试图通过保持严肃和传统，以此建立我作为一个专家的名声。但这样的旧工厂思维让我的书无法在市场中脱颖而出。之后，我写了一本有着疯狂标题的书——《龙虾营销学①：如何卖龙虾》（*How to Sell A Lobster*）。你知道后来怎么样了吗？这个搞笑的名字竟然奏效了。这本书被翻译成12种语言，在28个国家卖出了100万册。

　　由此，我们可以得到一个结论：200多年之久的旧工厂时代让我们的思维习惯于从众和传统。温暾乏味在等级社会中才有用武之地，融入其中并保持低调是更安全的做法。奇怪或出格的行为会招来公众的蔑视甚至让自己锒铛入狱。想想奥斯卡·王尔德（Oscar Wilde）或兰尼·布鲁斯（Lenny Bruce）吧。但在新工厂市场中，朴实乏味意味着边缘化和失败。在如今娱乐至死的市场中，你的客户被各种媒体以各种方式全天候娱乐着。如果不做一些能够吸引他们注意力的事，你将永远无法脱颖而出。所以当有人建议你在网站上放一张长颈鹿的图片，或者将你的公司起名为"鞋带"或"马屁精的节日"时，在将这些想法扼杀之前请三思。停下来，意识到你的旧工厂思维，思考一下那些陌生、奇怪和古怪之事可能存在的积极方面。

我喜欢这三个新工厂场景，因为它们将自我欺骗一刀切断。我们中大部分人相信自己拥有前瞻性的开放式思维，但事实并非如此。当我们遇到在正常范围之外创造价值的想法时，通常会否决这个想法。当我们听说客户也许会支付10倍于市场平均的价格时，我们可能会贬低这个想法。当面临做一些更疯狂之事的选择时，我们在可能的后果面前退缩了，这恰恰就是思维定式。大多数人从出生开始，就被规训成旧工厂思维。

从苹果、星巴克和谷歌那里学到的经验是，新工厂思维在当今时代更为有用。这也是为什么我们需要改变一系列的思维方式：

● 与其思考如何让我们的客户消费更多资源，不如思考怎样让我们的客户使用更少的资源而获得更好的结果。

● 与其采用线性的和碎片化的思考方式，不如采取空间式的整体性思考方式。

● 与其只把注意力放在有形的产品和服务上，不如更关注提供无形价值：利用去物质化趋势。

- 与其通过销售人员进行销售宣传，不如通过在销售过程中增加免费价值，将订阅者吸引到我们的网络中来。

- 与其仅仅与客户进行交易，不如围绕企业打造一个网络社区，并不断扩展这个网络的数量和质量。

- 与其只做一次产品或服务创造，不如成为连续的价值创造者，每分每秒都为客户不断创造新的价值。

- 我们需要更多地关注自己知道什么，少关注自己做什么，然后将自己的知识和智慧转化成新型的价值。

- 最重要的是，我们需要应对连续的变化，并将我们的企业和思维进行重新配置，从而拥抱变化，将变化视为机会而非威胁。

总的来说，我们如何看待这个世界？我们在这个世界中扮演何种角色？新工厂思维对这两个问题进行了理性的重新安排。可惜很多人不会改变他们的思维方式，最终将在新工厂市场中落败。而其他人则会看到警示并努力求变，希望你是努力求变中的一员。

奇点来临

20世纪70年代，一位好友帮我在一家药品批发公司的电脑部门谋得一个职位。我要操作像一个房间那么大的电脑主机，这部机器连接着全国的300多家药店，那些药店的药剂师会在电脑终端填写处方。尽管从今天的标准来看，这个系统很简单，但在当时，那是产量与产能的巨大跨越。药剂师们非常喜欢这个系统，因为之前需要几小时做完的事情，现在只需要几秒钟。

在那里工作的18个月里，作为一个业内人，我仔细探究了科技进步对市场带来的结果，当然结果有好有坏。恰好当时我正在读《媒介即讯息》（*The Medium Is the Message*），这是马歇尔·麦克卢汉（Marshall McLuhan）的一部著作。我一边操作着巨型电脑，一边消化着他的论述，"新科技对人们的思维方式、工作方式和个体之间的互动方式有着不可预测和不可逆转的作用"。

麦克卢汉让我看到，我们的系统如何深刻地影响着零售药品行业。最震撼的影响是药剂师们完全依赖于电脑系统。有一天早晨，系统崩溃了，几秒钟之内所有的电话都响起来。药剂师没法填写处方，他们的生意做不成了。

幸好我在45分钟之后成功重启了系统，但我们从中发现，很明显，药剂师们完全依赖于新的技术了。这种依赖在一个月之后愈发显现出来，因为我们的办公楼发生了火灾。黑烟熏坏了电脑，系统瘫痪了长达3天时间。药剂师们急坏了，但他们对此束手无策，他们无法回到原来的人工操作系统工作模式。这就是麦克卢汉所说的不可逆转的意思。

新技术的另一个后果也变得愈发明显。系统由药品批发公司开发，目的是垄断市场。公司将电脑终端免费赠送给药剂师，一旦他们开始使用，那么98%的药品都将从这家公司购买。药剂师也可以从其他批发商那里购药，但要困难得多，也更费时间，所以他们不想这么麻烦。因此，其他公司就被挡在了市场以外。你在本书中将会读到，我为这种垄断造了一个新词——"阿尔法网络"（alpha network）。

我还从摩尔定律（Moore's law）中学到了一手知识，摩尔定律声称电脑技术的更新速度每18个月会加速1倍，同时体积变得更小，价格更低廉。我们所使用的GEAC 8000电脑的速度是前一年使用的GEAC 500/800电脑的2倍，并且还更便宜。GEAC 8000电脑体积更小，并拥有更多的功能。自从那时起，我一直关注这方面的最新进展。如今，智能手机的处理速度是1979年体积能够占满一个房间的GEAC800电脑主机的10万倍。

这个经历告诉我，无视科技对我们生活的影响是愚蠢的。如果你在经营一家企业，也许不久之后就会发生一些足以对你的商业模式产生颠覆性影响的事情。一项新技术就可能破坏你的企业；一个新的竞争者就可能打破你所在行业的力量平衡；消费者可能会逐渐对你所销售的产品和服务感到厌倦，转而追逐更新鲜的事物；政治和经济条件发生变化，可能给你的行业的发展可行性画上问号。虽然不可能预测会发生什么具体的变化，但可以确定的是，变化一定会到来。

变化之所以会发生，是因为奇点已经到来。我会使用这个表达是因为雷·库兹韦尔（Ray Kurzweil）写了一本书叫《奇点临近》（*The Singularity is Near: When Humans Transcend Biology*）。库兹韦尔是一位发明家以及未来主义者，他的观点值得一听。一些人拒绝接受他的信息，他们在危险来临时选择了捂住耳朵。库兹韦尔的信息很简单：未来10年，电脑处理速度和能力的指数增长还将继续（摩尔定律），但增长的速度会更快。

为更清晰地显示这个趋势，想想整数的两倍，从1开始。数列是1、2、4、8、16、32、64、128、256、512、1014……刚开始时每一代增长还相对温和，比如，从4到8，实际的增长只有4。即使从64到128，增量也仅仅是64。但当你继续延伸这个数列，增长就会变成天文数字。比如，在第22代内，数列变成了：1048576、2097152、4194304、8388608。此时，每一代的增长高达数百万。

电脑的速度提升就是如此。在20世纪八九十年代，电脑在18个月内提速幅度相对缓慢，1、2、4、8、16、32、64、128、256、512、1014……现在电脑每18个月的提速幅度以百万计，几年后，电脑每18个月的提速幅度将以十亿计，然后每18个月的提速幅度将变成万亿计。

在埃里克·布莱恩约弗森（Erik Brynjolfsson）和安德鲁·麦卡菲（Andrew McAfee）在他们所著的《第二次机器革命》（*The Second Machine Age*）中使用了一个很好的类比，从非数学的角度来讲解这个概念。拿一个棋盘出来，在第1个格子里放1粒米，在第2个格子里放2粒米，在第3个格子里放4粒米，直至放完64个方格。现在问问自己：第64个格子里的那堆米有多少？

在我给你答案之前，先想一下。当你在逐个格子放置大米时，前面一半的格子比较容易管理，即使第32个格子里的大米依然不是很多。但当你来到棋盘的后面一半，米堆会变得很大，并且越来越大。等你到达第64个格子时，你的米堆会有珠穆朗玛峰那么高（不开玩笑）。

电脑性能的发展就是这样。过去40年里，电脑的运行速度和技术性能翻了几番，但还是能够管理的，因为我们仍然在"棋盘"的前半部分。现在我们进入了"棋盘"的后面一半，每年的发展都以前所未有的速度加快。电脑性能每年的发展速度及其对我们的经济和社会的作用，将超过过去所有时间取得的进步。这就是我为什么说，在说到科技带来的变化时，你什么都没看到。

那么，这与你和你的企业有什么关系？息息相关。不仅仅是你的电脑会运转得更快，智能手机上可以下载更多App，真正的影响比这深刻许多。就像马歇尔·麦克卢汉所说的那样：媒介即信息。重要的不是我们用技术做什么，或者我们与科技如何交流，重要的是技术如何改变社会和个人。

随着电脑处理信息的速度越来越快，你、我、你的家庭、社区、公司、行业和整个世界都会被欺骗。就像一辆不断加速的过山车，一切都将越来越快地发生变化，并且大部分变化无法预测。那就是库兹韦尔所说的奇点的意思。我们即将到达一个临界点，一旦过了这个临界点，变化的发生将变得飞快并无法预测，以至于我们无法为未来做打算。

这也是为什么针对未来规划你的企业或事业很重要。如果你使用旧工厂思维，就是围绕具体的产品和服务规划未来，那么你就是在冒巨大的风险。那套模型以前有用，因为彼时的未来能够预测，变化相对缓慢。你可以在数年间（如果不是数十年的话）分散你的资本投资风险。但是现在，如果你还使用这套模型，你的胜算就会极小。

但如果你按照价值枢纽结构来打造新工厂，胜算就会更大。你就可以从每分钟做起，从每天做起，逐渐改变和改造你的企业，而无须将企业连根拔起。你的新工厂就像一棵结实的橡树，无论风有多大，无论风从哪个方向吹来，橡树都会长得又高又壮。

读库兹韦尔的书既让人快乐又让人恐惧。作为一名企业家，我陶醉于颠覆式创新。当我看颠覆时，我看到的是机会。但如果颠覆过多会怎么样？如果世界变化太快怎么办？库兹韦尔当时预测，20年后，一部智能手机大小的电脑的处理能力是地球上生活过的人类大脑总数的一万亿倍！

这还不是最吓人的。他还推测，在某个时间点，电脑将开始设计和建造自己的后代，届时，人类将无法理解也无法赶上他们所创造的技术进步。那是奇点最终到来的时刻。

这很令人害怕。可能不会发生像他预测的那种一模一样的事情，但可以确定的是，未来10年，电脑会变得愈发快速和智能。越来越多的人实现彼此连接，并且就像前文提到的药剂师一样，人们会使用技术做更多的事，并且对其越发依赖。

这也不是什么大事。真正的大事是你的世界将发生变化，你的所思所想和信仰将发生变化，你看世界的方式将发生变化，你的工作方式将发生变化，你的购买方式和购买的东西将发生变化。另外，你的客户及其思维方式和购买的东西也会发生变化。所以，你的企业也要随之而变。

正因如此，采取前瞻性思维和新工厂思维非常重要。这样你才能够在奇点造成的颠覆中存活并取胜，为我们眼前的美好新世界打造新型企业。为此，我将举很多例子，告诉你有多少公司做出了从旧工厂思维向新工厂思维的转型，无论这些公司是大型企业还是小作坊。

目录

第一章　新工厂市场　　　　　　　　　　**001**

新市场的现实　　　　　　　　　　　003

哈里：旧工厂思维者　　　　　　　019

哈里：新工厂思维者　　　　　　　024

旧工厂模式　　　　　　　　　　　032

新工厂思维模式　　　　　　　　　040

第二章　打造你的新工厂　　　　　　　　**051**

决定你真正想服务的对象　　　　　053

远大目标　　　　　　　　　　　　056

提供免费价值　　　　　　　　　　077

把客户变为会员　　　　　　　　　083

让会员进入一站式商店　　　　　　093

第三章　新工厂价值创造　　　　　　　　**101**

更少资源　　　　　　　　　　　　103

资源利用率低下　　　　　　　　　110

亲密无间   114

整合   121

客观性   127

转变   134

情绪价值   140

赋能   145

概念价值   151

界面   158

教学   164

策划   171

娱乐   176

第四章 新工厂的基础   **181**

价值枢纽   183

理念   191

无重化   195

慢下来   202

卓越   206

幸福   211

新工厂的未来   214

第一章

新工厂市场

新市场的现实

某天在下班回家的路上，我碰见了一位老朋友。她面容憔悴，耷拉着肩膀，眼泪从双颊滚落下来。

"你还好吗？"我问道。

"糟透了，"她说，"我被书店解雇了。"

"听到这个消息我很难过，"我同情地说道，并将手放在她肩上，"这是怎么回事？"

"他们解雇了一半的员工。他们无法与亚马逊网站（Amazon）这样的线上书店零售商竞争。人们不像以前一样来我们店里买书了。他们在书店里逛完，然后在网上下单。"

"这我倒略有所知，"我说，"他们称为'展厅现象'，包括零售商、旅行社和保险经纪在内的很多公司都发生了这种现象。人们在咨询线下销售人员之后，再去线上进行交易。"

"不管怎样，"朋友拭去了脸上的泪水说道，"我的工作丢了，而且我不知道以后该怎么办。"

我向她保证，一旦有任何工作机会就会告诉她，但我不确定如何帮助她。我为朋友感到难过，但听到她的故事，我却并不意外。我不断听到类似的故事，我的另一个朋友，被毫无预警地请出办公室，并被赶到大街上，而在此之前的30年，她一直干得很不错。她所在的公司与另一家大公司合并，新公司裁员了。"这与你个人无关。"保安请她交出笔记本电脑和手机时，他们说道。

不幸的是：很多人失去了旧工厂的工作，但对于未来能做什么毫无头绪。他们只能寄希望于经济好转，公司再度开始招聘员工。但世事往往难遂人愿。市场上所发生的变化远不止于一份工作、一家公司、一个商业周期或经济下行那么简单。我们正经历着从旧工厂市场走向新工厂市场的痛苦转变，要在未来武装好自己，最好的办法是认清现实，并拥抱正在兴起的新世界。

三大因素

三大因素正从根本上改变市场。

因素一：指数级变化。变化正以指数级速度发生。过去，市场情况变化很慢。如今，市场情况急剧变化，并且通常毫无预警。

　　因素二：趋同化竞争。在旧工厂市场中，竞争受到贸易壁垒和行业规章制度的限制。在新工厂市场中，公司面临越来越多来自其他国家和行业的趋同化竞争。这种趋同化竞争拉低了传统产品和服务的价格和利润率。

　　因素三：赋能的客户。在新工厂市场中，通信技术让消费者能够以最低的价格购买某个产品或服务。消费者还能够利用技术在他们与销售人员之间制造壁垒，使得潜在客户更加难以触达。

为什么会发生这些变化

　　新工厂市场的三个因素——指数级变化、趋同化竞争和赋能的客户的形成原因是电脑设备日益强大的处理能力和互联网的扩张。以前，电脑、互联网和自动化系统仅被用作改善以机器为基础的、旧工厂流程的工具。而现在，它们已成为全球经济的主要基础设施。这种新的"生产方式"对市场产生了深远且不可逆转的影响。了解这些影响，才能进行有效应对，并免于成为受害者。

影响

影响一：概念重组

每天都有越来越多的人将电脑、智能手机、平板电脑和其他设备连接到互联网上。传感器、相机和电器也是如此，这使得网络连接数量呈指数级增长。另外，电脑和其他设备也变得更快更强大。这意味着每天都有更多信息被交换和处理。

信息从四面八方如洪水般涌来，人们不断接收到新的概念和想法，并进行处理和重新排列组合。这种"概念重组"改变了他们的世界观（以及他们的认知、信念和偏好），实际上也将他们变成了新型人类。人们还因此变成了拥有不同购买偏好的新型消费者。

概念重组加速还会带来社会、政治和经济的变化。当人们的世界观（认知、信念和偏好）发生了变化，他们会选择不同的生活方式（社会），他们对领袖的诉求发生变化（政治），他们还改变了自己的行为（经济）。所有这些变化都让市场情况变得不一样。

在旧工厂时代，概念重组缓慢得多。因为社会被构建成等级制度，等级制度顶层的精英们试图控制与大众交流的信息。在此环境中，人们的价值观、信仰和偏好缓慢地发生着变化。因此，市场状况也缓慢地发生着变化。在新工厂时代，随着非等级制度的平等交流的出现，概念重组的速度在加快，并且市场状况以不可预测的方式变化得更快。

影响二：低价竞赛

日益激烈的全球竞争和互联网市场不断扩张的首要影响是将大部分传统产品和服务变成了商品。当买家认为一个行业或产品品类中的所有供应商在卖一样的东西时，一个产品或服务就变成了商品。这样，消费者会寻找最低价格的供应商。在这种竞争性的环境中，公司不得不降低价格。这种低价竞赛对消费者而言极其美妙，但对生产者来说则是挑战。为了保持竞争力并维持利润率，生产者必须削减成本。他们用以下方式来削减成本。

降低经营成本：在新工厂市场中，每个生产者都有降低劳动者成本的动力。他们试图用电脑、自动化软件和机器人来取代人力；他们摆脱实物资产，例如店铺、生产设施和办公空间；他们把公司之前做的工作留给客户，将经营工作分包到劳动力成本更低的其他国家和地区。

降低销售成本：淘汰或缩减销售力量；使用自动化销售系统；将之前由销售人员完成的工作留给潜在客户。

降低固定成本比例：将固定成本变成可变成本；淘汰全职员工；将工作外包给其他公司。

降低风险成本：将高风险经营交给外部公司；对下游销售和服务组织收紧监管与合规要求。

形成更大的经济规模：为了降低单位交易成本，旧工厂公司合并整合成更大的经营体，然后进一步削减成本。

这些变化的作用通常很可悲，但又无法避免。当消费者寻求更低的价格时，公司不得不降低成本。这种低价竞赛会导致数百万的人失去在旧工厂的工作。

影响三：中间市场的终结

互联网教会消费者任何时候都寻求最低价格，只要是他们认为是商品的东西都有最低价格。这也是为什么大部分旧工厂发现自己身处商品市场中，这里唯一的差异就是价格。这种商品化破坏了中间市场，试图维持现有成本结构和利润率的公司无法与低价对手抗衡。

这种情形将市场划分为两个阵营："快餐市场"和"美食市场"。在"快餐市场"中，买家寻找的是最低价格；而在"美食市场"中，买家支付大量金钱购买足够特别的产品。这并不意味着穷人购买"快餐"，富人购买"美食"，而是每个人根据自己所处的市场做出相应的行为。如果他们在"快餐市场"中，他们会寻找最低价格；如果他们发现自己在"美食市场"中，同一个人可能会购买一件昂贵的皮草大衣，或把伴侣带到一家漂亮的餐馆用餐。

　　这一点很重要，中间市场的消失并非因为社会贫富差距（尽管这也是个问题），而是因为消费者现在拥有两套思维——快餐思维和美食思维，而使用哪套思维取决于他们刚好处在哪个市场之中。换言之，如果一个人处在"快餐市场"中，那他会寻找最低的价格，如果在"美食市场"中，那他会愿意购买更贵的东西。这种心理行为在萨姆·萨默斯（Sam Sommers）所著的《情境影响力》（*Situations Matter*：*Understanding How Context Transforms Your World*）中有很清楚的解释。他表示，行为不是由一个人的性格决定而固定不变的，而是会被他认为自己所处的情境塑造。

　　这种新市场的现实的含义深远。如果你的公司卡在中间市场中，你就会被踢出商业的大门。如果你试图在"快餐市场"中竞争，就得进行更多的交易，这样才能维持现有的开销，并且你可能需要与资本状况更好的对手展开竞争。对大部分公司来说，唯一的机会是进入"美食市场"①。

影响四：销售人员的消失

在新工厂市场中，人们每天都暴露在成千上万的营销信息中，为应对这种数据洪流，他们屏蔽了某些类型的信息，尤其是听起来像销售推广的内容。所以，如果你通过电子邮件发送销售信息，你的潜在客户可能并不会去看；如果你给他们打电话，他们可能不会接；如果你给他们邮寄小册子，他们可能会把它扔出去。更重要的是，如果你在社交媒体之类的网络中表现得像个销售人员，你的信息会被跳过甚至屏蔽。这种现实增加了销售成本，使得传统的销售途径无法发挥作用。

这也是为什么我们正在见证传统销售人员逐渐消失。消费者知道销售成本被计入产品价格中，生产者知道他们的利润中会扣除销售成本。为此，消费者出于财务动机，会自己完成很多传统的销售行为（例如，搜索选择和填写表格），而生产者则希望用电脑和机器人来取代销售人员。这也是为什么只负责促成一桩交易的传统销售人员会逐渐消失。

---

① 美食并不一定意味着奢侈品，而是被认为远好于普通商品的东西。

这一趋势在房地产、人寿保险和批发等销售导向的领域已经十分明显。这些行业的佣金竞争十分激烈。我的一位客户是一名房地产经纪人，他的佣金被减去了50%。后来他居家办公并且保持较低开销，避开了竞争，赚到了不错的利润。他的竞争对手（其他房地产经纪人）十分生气，并反对他这么做，但他不在乎。这也是一些房地产经纪人现在从零佣金的做法转为收取固定费率的原因。人寿保险行业也是一样。在英国和澳大利亚，监管部门取消了人寿保险佣金。很多人寿保险顾问因此离开了该行业，因为他们不知道该如何收费了。这也是为什么在新工厂时代传统销售人员会逐渐消失。

影响五：单笔交易的消失

由于潜在客户很难触达，导致销售成本上升。现在要敲定一笔交易，需要接触更多的潜在客户。在一些旧工厂行业，你还有更多监管的纸面工作要完成，所以不会倾向做单笔交易。一旦你与客户建立起关系，你就想卖给他们很多东西，因为这样才能覆盖获客成本。新工厂将获客成本分摊到很多年和很多笔交易中，这也是为什么它们能在竞争中打败只能做单笔交易的旧工厂。

影响六：免费赠品因素

在快餐市场，消费者寻求最好的价格，最好的价格就是免费。这是互联网对消费者大脑所做的另一件事。消费者期待互联网上的大部分东西都是免费的。这对旧工厂来说非常危险，因为他们的某个竞争者可能会开始免费赠送产品或服务，以此来获得并抓住与消费者的关系。我的一位客户是税务申报师，在当地一家保险公司开始免费提供纳税申报单服务之后，她不得不开始打造自己的新工厂。"如果他们把我的服务免费赠送出去，我该如何竞争？"她问道。确实如此，该如何竞争呢？这一极具颠覆性的趋势还将持续，想要打造自己的会员名单的新工厂会越来越多地赠送产品和服务。1996年，我在《数字时代的战略营销》（*Strategic Marketing for The Digital Age*）书中预测了这一趋势[①]，之后开始目睹这一切的发生。

影响七：对新型价值的需求（卓越的价值创造）

在发达经济体中，大部分消费者已经满足物质需求。当

---

① 还可参见克里斯·安德森（Chris Anderson）的《免费：商业的未来》（*Free: The Future of A Radical Price*）一书。

然，依然还有很多边缘化的人。在这种成熟的市场里，迎合客户的物质需求不像以前那样会带来很多机会。比如，在第二次世界大战之后，我的岳父是他们社区第一个买冰箱的人，一大帮朋友过来参观这个新家电，他们举办了一场冰箱派对。但是现在，家家户户都有冰箱，冰箱已丝毫不稀奇。冰箱变成了普通商品，虽然必不可少，但不值得为此举办派对。那时，如果你要销售冰箱，人们会感到很兴奋，因为很少有人拥有。你也没有竞争对手，这样你就能获得很高的利润和收入。但现在，如果你卖冰箱的话，不但很多家庭都有冰箱，而且有很多人在卖冰箱，竞争的激烈程度可想而知。同时，客户也可以在线自行购买，不仅价格特别便宜，还不用跟销售人员交谈。

　　这就是问题。如果你只是出售冰箱这种有形的商品，在新工厂时代没有太多的机会赚大钱，但也不是完全没有机会。一旦人们的物质需求被满足，又会出现其他的需求。这就是机会所在：将超越了旧工厂所提供的价值的新型价值包装出售。例如，对情绪价值的需求将在新工厂市场出现增长。当物质需求被满足后，消费者会愿意支付很多的钱来让情绪变好，如压力减轻、更加平和、有力量、拥有满足、感受到与外界的连接。

　　在新工厂市场中，价值会通过"话语"和"设计"及其他无形的内容来创造。新工厂会使客户的生活发生全面的转变，这种转变远远好过旧工厂采取的碎片式方法。开放我们的思维，接受潜在的新型价值，是新工厂思维的关键点之一。

影响八：固定开销的消失

在新工厂市场中，公司将尽量削减固定开销。他们不愿意将资源投入任何固定的物质或人力资产中，因为他们不确定未来是否需要。在旧工厂时代，公司可能满怀信心地投入大笔固定开销。他们可能投入1000万美元的生产线用于制作锤子，然后将这笔投资摊销到10年内产品成本中。但在新工厂时代，这样的做法是错误的。因为无法保证10年后人们还需要锤子，甚至连1年也无法保证。所以新工厂会避免任何固定开销投入。

多年前，我的公司为客户生产纸质教育小册子。我们每个月的收入为8000美元，外部打印成本为4000美元。由于小册子十分畅销，于是我们便以800美元/月租了一台复印机，因此每个月省下了3200美元的打印成本。这在当时似乎是个好主意，但实际上并非如此。一年之后，没有人想要纸质小册子了。他们想要电子书。但我们的租赁期还剩6年，每个月还得继续支付800美元。这件事的教训是：复印机是固定开销的一部分，但客户对产品的需求是会变化的。更令人倍感折磨的是，在租赁期的最后两年，复印机被放进了库房，整个项目的全部损失共计30000美元。这个可怕的故事就发生在"邮件收发机事件"之后，这说明我花了不少时间才学会了这重要的一课。

这也是为什么固定开销对新工厂市场而言简直是诅咒。新工厂希望通过灵活开销来应对市场的可塑性。所以现在我的公司一旦有邮寄和复印的需求就去附近的商店。如果客户想要纸质小册子（现在他们有时依然想要），我们会使用商店的机器并上调一点价格。这样，我们将固定开销成本变成可变成本，并在这个项目上一直赚钱。

在新工厂市场中，寻找外包公司，尽可能削减固定开销，包括建筑、汽车、机器等方面的开销，当然还有最大的固定开销——人力。

公司将不得不雇佣合同工或使用外部供应商。它们几乎毫无动力聘用员工来工作，或承担雇主需要承担的额外固定开销（例如，桌子、椅子、电脑、手机、餐厅、厕纸、保险和福利）。

请不要误会，我并不是说这是一件好事。我并不想看到人们丢掉工作。只是新工厂市场使得公司不得不采取这些措施，即使它们不想这样。为了保持竞争力，它们不得不降低固定成本，不得不将固定成本转化为可变成本，否则它们将关门歇业。因此，理想的新工厂几乎没有任何固定成本，一切将完全变成虚拟状态。

影响九：工作消失

由于灵活开销取代固定开销，数以百万计的旧工厂工作将会消失。对就业保障、固定福利和长期雇佣合同说再见吧。很多人会被电脑和机器人取代，或者旧工厂公司关门歇业。被取代的人或将余生都无事可做，或者在新工厂中找到事做。但是请注意，我说的不是找到一份工作，而是说找到事做，其中有一定的区别。在新工厂的未来，不会有大量的工作岗位，但还是会有很多做事的机会。由于新工厂市场占据主要地位，会出现数不尽的价值创造和赚钱机会，但它们不是以传统工作的形式出现。在旧工厂中消失的工作不会被新工厂中的工作取代。相反，每个人都会成为网络中的价值枢纽，并与其他的价值枢纽产生连接。

影响十：行业的消失

在新工厂市场中，传统行业的定义和结构变得无关紧要。问问你自己：苹果公司从事什么行业？是电脑行业还是电话行业？亚马逊呢？是书籍行业、零售行业还是百货行业？

新工厂思维者对行业粮仓和行业边界这样的想法不再感兴趣。他们可以跨界，进入任何自己想涉足的行业。行业龙头们势必希望维持旧工厂的特权和利益，所以他们当然会抵抗这一趋势。但对他们而言这一切都结束了，因为新工厂消费者并不关心一家公司属于什么行业，只关心它是否能提供价值。

我们看到了优步（Uber）和传统出租车行业的圈地之争。消费者喜欢优步提供的更高价值，但传统出租车行业会咆哮着还击。新工厂初创公司与身为行业翘楚的旧工厂之间的拔河比赛是新工厂市场中最有趣的一幕戏。实际上，我们所目睹的当前很多市场乱象就是旧工厂思维者与新工厂思维者之间的角逐。

要在当今的市场中取得成功，从你的行业思维定式中跳脱出来非常关键。因为这种思维定式会让你无法看到你能够提供给客户的潜在价值。

这些变化不可逆转

　　这些变化和影响在人类历史上是史无前例的。虽然它们因科技而发生，但又不完全与科技相关。与之有关的是新工厂市场消费者看待世界的眼光和行为发生了怎样的变化。任何一厢情愿都无法逆转这些趋势。它们已然根深蒂固。唯一的前进之路是拥抱现实和新工厂市场中的机会。现在，让我们来看看旧工厂思维者和新工厂思维者之间的区别。

哈里：旧工厂思维者

当今，成千上万聪明而勤奋的人都有能力创建一家成功的企业。只是他们可能会囿于旧工厂思维，这一问题让他们的企业从一开始就注定失败。

哈里的例子可以说明我的观点，哈里属于聪明而勤奋的那类人，他在业余时间发明了一款锤子。这种锤子比市场上的其他锤子轻1/3倍，而且结实10倍。大家都一致认为：这是一款很棒的锤子。

在家人和朋友的鼓励下，他成立了一家企业名叫"哈里牌锤子"（Harry's Hammers）。他租厂房，建锤子生产线，并招聘员工，开展营销活动。

经过18个月的筹备，哈里的销售团队开始打入市场。他们设定了两个目标群体：零售商和消费者。一方面要让零售商采购他们的锤子，同时也计划直接向消费者销售。两周后一种模式成形了。销售团队反应很难联系上零售商的买手，几乎每次给潜在客户打电话时，都会被转接到语音信箱，让他们留言，但都不回电。于是他们再次打电话联系，再次语音留言外加发邮件，但潜在客户依然不回复。"有点无礼。"其中一位年轻的销售人员说。

电话直销人员也遭受挫折，他们打1000个电话只联系到了81位潜在客户，其中4人购买了锤子。一对一上门的销售人员的情况更不乐观，他们敲了450家客户的门，向33名消费者介绍了产品，结果只卖掉了2把。"更糟糕的是，"一名销售员讲道，"我差点被一家的狗咬到。"

作为一名旧工厂思维者，哈里的企业经营围绕特定的产品：锤子。他建立了大型工厂生产锤子，还采用传统的销售方式销售锤子。在新市场环境下，他仍然用老旧过时的方法和思路运营企业。这就是哈里不能充分发挥其潜力的原因。

接下来的几个月，销售团队继续努力，情况有了一些令人欣喜的进展。两家当地的零售商上架了该锤子，采用了寄销的方式（这意味着如果卖不掉，他们可以把锤子退给哈里）。与此同时，哈里在线卖掉了121把，不过要指出的是，在线广告成本削减了其大部分利润。

一年后，哈里焦虑之余也不失乐观。虽然锤子卖得并不是非常多，但是也不断取得了进展。大家告诉他要坚持下去。"新企业通常都需要花几年的时间才能开始盈利，"支持他的人跟他说，"关键是得坚持不懈。"

于是，哈里继续努力。他拉投资，拓展销售团队，还研制了第二代锤子产品，使它更轻、更结实。但这时出现了哈里始料未及的情况（虽然事后看，他意识到这种情况必然会出现），一家新竞争对手进入了该市场。这家企业的锤子被称作"悍锤9000"，外形和哈里的锤子很接近，也体轻耐用，具有充满未来感的流线造型，但这还不是最大问题。"悍锤9000"的价格比哈里的便宜25美分！

哈里买了把"悍锤9000"查看了一下，发现这一后起之秀不如自家的锤子质量好，他略松了一口气。"我们的锤子更轻、更结实，"他到处游说，"的确，他家的锤子更便宜，但是我们的锤子质量更好。"

然而，以质量为卖点很难行得通。潜在客户只问一个问题："多少钱？"销售人员解释"哈里牌锤子"质量更好时，客户不为所动。"你说你们的锤子质量更好，但是悍锤的人也说他们的锤子质量更好，"客户说，"而且他们的锤子更便宜，所以我们计划上架悍锤。如果你们能把价格降到和他们的一样，我们也许会再考虑一下你们的锤子。"

不幸的是，那还只是哈里厄运的开始。随后几年内，有6家新竞争对手进入了锤子市场，他们都声称自己的锤子最好，而且价格都比"哈里牌锤子"低。虽然很不情愿，但哈里还是决定降价，削减本来已经微薄的利润。不过，即使这样做也没收到成效，因为有3家竞争对手马上把价格降到了更低。

哈里下定决心摆脱困境，他把员工和投资者召集到一起商讨出路。说明情况后，哈里征求建议，大家就以后该怎么做提出了各种看法。有人建议进一步降价，并提高运营效率；有人提出扩展产品品类，经营螺丝刀和一些其他产品，如扳手和锯等；还有几个年轻员工认为企业应该更充分利用社交媒体。"我们应该多在推特（Twitter）上发文。"哈里的儿子提议。

"很感谢大家所有的意见和建议，"哈里说道，"但我认为我们应该坚持到底。仓库里已经有20000多把锤子的库存，企业名字叫作'哈里牌锤子'，卖螺丝刀会把人们搞糊涂，所以不行。我们需要做的是更加努力，打更多电话，发更多邮件，还需要改进宣传信息，告诉客户我们的锤子质量最好，值得多花几美元。"

两个月后，哈里得知一家全国连锁五金店正在开展一项促销活动。为了吸引客户，他们免费赠送锤子："悍锤9000"。不久后哈里申请破产，全部员工惨遭失业，库存的20000把锤子被拍卖，每把35美分。虽然很沮丧，但哈里并没有一蹶不振，他重新回到车库的工作台前，想到了一个制造高性能新型开罐器的点子。

问题是：哈里为什么失败了？哈里失败的原因是他沿用了旧工厂思维，用19世纪而非21世纪的方法经营企业。和很多商人一样，他采用的思维模式已经不适用于当今的市场情况。为了更好地理解我的意思，在下文中我们想象一下，假如哈里采用新工厂思维会发生什么。

哈里：新工厂思维者

在上一节，我们看到哈里的企业一败涂地，其原因是沿用旧工厂思维。现在让我们想象一个哈里采用新工厂思维的平行世界。一开始，哈里选择不让自己的企业基于某个产品或某种服务，而是以特定类型的客户为中心，即手工爱好者，这些人喜欢自己翻修家具等，哈里知道世界各地有千百万具备消费能力的手工爱好者。

关系优先法：新工厂思维者哈里不把某一产品或服务（锤子）当作自己的商业基础，而是让企业以他真正想服务的人群（手工爱好者）为中心。除了锤子，哈里乐意提供任何可能的产品或服务，即便这些产品或服务超出了传统工业或产品范围。

专注于手工爱好者，哈里形成了一个伟大的理念。他集思广益寻找一些能帮助手工爱好者节省费用、时间和精力，同时还能取得更好成果的途径。通过和团队反复斟酌各种想法，他们想到了一个看似激进的理念。为什么不帮手工爱好者与志趣相同的人建立联系，从而让他们交流创意，置换资源呢？"我们甚至能帮他们共享工具。"有人建议。

让客户变成会员：通过让最优质的客户变成会员，哈里如今可以获得稳定而高额的利润。与普通客户相比，会员购买更多的产品和服务（约多230%）。

在旧工厂思维的世界，哈里可能会否定这种想法，他可能会说："我们可不想让人们相互分享工具，我们想让他们每个人都买锤子。"但是在新工厂思维的世界，哈里能看到更大的图景。他认为那是个伟大的创意，我们将成为身处交换中心的价值枢纽，赚得盆满钵满。另一个人建议，会员之间可以互相帮助共同完成项目，既可以提供一些小建议，也可以提供实际帮助，建造一些东西：有点像以前邻居一起帮忙建谷仓。真是个伟大的理念，哈里赞叹着，心中感到一阵兴奋。在接下来的几个小时里，各种价值创造方面的创意纷纷涌现。

随后，哈里为自己的大理念冠以合适的名字，在几个名字之间反复斟酌后最终选定了"手工一起做俱乐部"（The Do-It-Together Club）。他注册了"手工一起做"的域名，并建了一个简单的网站开始运营，其目标是第一年注册1000名会员。他还把整个项目分成三个级别：初级用户（免费）、尊享会员（每年25美元）、超级精英会员（每年150美元）。

会员注册后能享受很多服务。通过手工一起做俱乐部网站（之后是手机终端），会员可以看到其他会员的清单，了解到他们正在做什么项目，了解到他们能分享什么工具（有的免费，有的需要租金）。会员还可以上传视频，展示他们做过的项目，比如铺装甲板或翻新浴室。上传分享的视频越多，得到的积分也越多。

免费价值战略：现在哈里不靠销售而是通过提供免费价值礼包吸引潜在客户。当潜在客户为了免费价值而进行注册时，他们就成了初级用户。然后哈里与初级用户定期交流，把其中一些人发展为付费会员。哈里的目标是吸引越来越多的初级用户，从而发展更多的付费会员。

哈里发现获得新用户轻而易举。注册初级用户（免费）

无须考虑，不花费任何费用，而且俱乐部对初级用户也会提供很多服务。不到6个月，哈里就超额完成了1000名用户的目标，一年结束时，用户数已达40000。令哈里兴奋的是，他发现增长速度呈指数级。用户加入越多，俱乐部的价值便会水涨船高，从而能吸引更多的用户。

两年后，哈里网上拥有多达250000名用户，其中九成免费会员，一成付费会员。他拥有3000名尊享会员，每年付费25美元（共计75000美元），1000名超级精英会员，每年付费150美元（共计150000美元），每年会费总收益225000美元。金额并不算大，但哈里不在乎，他才刚刚起步。

积累用户和会员只是哈里新工厂活动的一部分，他还通过一站式商店营利，会员在这里购买产品可以享受折扣价。店里的第一款产品当然是"哈里牌锤子"，但是哈里并未止步于此，他还增加了"悍锤9000"，在旧工厂思维世界，他绝对不会这么干。然后他又增加了螺丝刀、扳手、锯、钉子、木料、钻孔机，到最后，店里有多达10000种商品。哈里当然不会制造所有产品，那太像旧工厂模式了。相反，哈里与所有供应商签订协议，他们同意为哈里的店提供折扣，每出售一件商品给他10%的佣金。他们之所以同意支付佣金，是因为他们想接触到哈里快速增长的会员清单。

店里的销售额持续增长。第二年的佣金收益总额达到600000美元，也许不算很多，但哈里知道这些都是高利润率、低风险甚至零风险收益。哈里很乐于售卖其他工厂生产的产品。

他无须在工厂、仓库和其他基础设施上投入资金，也不用担心什么产品更受欢迎。如果人们不再买锤子，开始买螺丝刀，哈里完全不受影响，反正人们买什么他都会赚钱。就像哈里喜欢说的那样：不管是卖锤子还是卖螺丝刀，钱存到银行里都一样。

哈里也很喜欢新企业的一些其他方面，他无须大量固定开销和大规模运营。没有机器需要修理，没有灯泡要换，没有地毯需要清洁，也不需要办公设备。他还有更大的灵活度，可以在任何地方运营"手工一起做俱乐部"。去年冬天他在加勒比海边的沙滩别墅里工作了3个月，今年夏天他要去意大利办公。笔记本电脑和流畅的网络就是他的全部办公所需。

哈里在创造商业权益方面也有独特的洞察力，在新工厂世界里，哈里明白随着会员网络的延伸，企业价值也随之增长。拥有的会员越多，企业价值越高。他还明白其收益增长更具可预测性（收益随着会员数量增长而增长），而且更有持续性（每年83%的会员会续费）。

作为新工厂思维者，哈里总是在思考向会员提供价值的新方法。在他的企业里，"想"代替"做"成了首要的价值创造行为。除了房屋建造相关的创意，哈里还计划引进其他跟交换相关的理念，如换房、换车、互换保姆和老人看护，甚至衣物交换。

价值枢纽战略：作为新工厂思维者，哈里把他的企业规划为"价值枢纽"。他不停寻找会对自己有所帮助的新资源和其他价值组合。这种做法让他的商业潜力呈指数级增长，而且经得起未来的考验，因为企业的命运不再与那些会被商品化或废弃的特定产品或服务捆绑到一起。

随着哈里深入探索新工厂思维，他逐渐明白，现在自己的企业建立在知识和关系上，而不是简单销售有形的物品或服务。他的企业能提供的益处体现在"赋能"这个词上，任何为会员赋能的事情都是可以做的。他还明白企业经营的关键方法是为"交换"提供便利。任何能帮助会员进行交换行为的事都可以做，他说。总之，哈里的企业围绕一句简单的话运作：通过交换进行赋能。铭记这点，使哈里的创意、智趣直至走向成功之路都变得畅通无阻。与旧工厂思维者哈里不同，新工厂思维者哈里对思想不设限，能自由实现全部潜能。

毫无意外，当哈里的精力不再仅仅集中在锤子上时，很多人并不看好。"你偏离轨道了，哈里，"一位管理顾问告诉他，"你应该更加努力地销售锤子，而且不是去搞什么奇怪的俱乐部。"但是哈里意识到，这些否定者们还被困在旧工厂思维里，他们用19世纪的眼光看待世界，不能理解市场已经发生了多大变化。所以他礼貌地听完他们的担忧，接着就不为所动地继续去建造自己的新工厂了。毕竟，他也没真正放弃旧工厂——仍然销售锤子。实际上，在经营手工一起做俱乐部的第3年，哈里牌锤子的销售量破了纪录，同时还销售了同等数量的"悍锤9000"，更不要说还有螺丝刀、钻孔机、木料和成百上千种其他产品。

那么问题是：你想活在哪个世界里？新工厂世界还是旧工厂世界？我希望你想建造一家新工厂。要考虑到的是，哈里的情况也许和你的不一样，他拥有一个制造产品的工厂，你经营的可能是服务型企业，销售对象可能是消费者市场，也可能是对公市场。你可能在企业工作，也可能在政府机构工作。但这些都不重要。新工厂思维的法则全世界各行业通用。这就是新工厂思维如此强大的原因，它是全世界各行业的通用模式，谁都可以使用。但是在告诉你怎么使用之前，让我们先看一下旧工厂商业模式的更多细节。

旧工厂模式

当1913年亨利·福特（Henry Ford）完善了汽车流水线时，旧工厂思维达到了鼎盛时期。在那之前，汽车是由技师整辆制造的，这导致其价格对普通人来说过于昂贵。福特的流水线组装彻底改变了这一点。组装一辆T型福特车只需要93分钟，每3分钟就有一辆新车下线。这种效率让福特把汽车价格从1908年的825美元降到1913年的575美元，让当时的普通大众都买得起汽车。更棒的是，福特还能把工资从每天1.5美元涨到每天5美元，让自己的工人也能更轻松地买到车。

福特流水线令人瞩目的成就激励了其他企业家。他们研究福特的做法，并把这一方法用到自己的商业运营上。最初，福特的流水线被直接用于其他产品的生产，但最终也影响到了服务行业，如饭店和保险企业等，并成了其他一些领域的组织模式，比如教育、保健和政府服务等。经济体中所有的流水线都加入其中，形成了单一、集成流水线。无论是企业还是个人，要成功就意味着要适应这一线性体系，在这台机器中找到自己的位置。不管是在工厂流水线上工作，还是在高中教学，或者是做家务，你人生的角色是围绕流水线组织规则而运作的：这种生活方式把我们的思维限制成把世界当成流水线去考虑，成为具备流水线思维的"流水线人"。

直到今天，世界上大多数人的思想和行为还停留在1913年。由于世界已经发生变化，他们觉得自己像身处异国的陌生人。他们不知道如何穿行在这新的风景里，所以常常感到挫败、愤怒和恐惧。你自己可能就有这种感觉吧。我知道，因为我有过。这就是为什么要解析旧工厂思维，我们需要真正认清它，然后抛弃它。

那么流水线主导的思维是怎样的？让我们来看一下流水线隐含的概念是什么，它是这样运作的。

（1）从环境或者其他组织获取资源。

（2）把这些资源组合成高效且逐步分解的流程。

（3）低价提供高品质产品或服务。

如果使用得当，流水线就会非常神奇。你可以用更少的时间、更低的费用，制作数以百万计的汽车、烤箱、汉堡、人寿保险保单、手提包等。你可以降低价格，吸引更多客户。而且，如果你是像亨利·福特一样的好雇主，还可以提高工资，给工作高效的员工发高额奖金。

流水线经济曾经欣欣向荣。它提升了亿万人的生活水平，开创了我们当前拥有的现代经济，但也造成了预料之外的后果。它使得我们的思维从流水线的角度看待世界，不停地教导我们：

- 做更多。
- 做更快。
- 消耗更多资源。
- 生产和提供更多产品/服务。
- 精通某一产品或服务。
- 专注于单个目标。
- 靠数量衡量结果。

旧工厂思维蔓延到了社会各个领域，在企业架构上体现得最为明显。每家企业都被设计成一个流水线，并致力于融入整体经济的流水线架构。创建和运营一家企业意味着创建并运营一条流水线。这导致了三个阶段的思维流程，我将之称为旧工厂商业模式。三个阶段分别如下。

第一，用产品或服务来定义企业。

第二，建立一家工厂。

第三，销售产品或服务。

用产品或服务定义企业

就像哈里和他的锤子，旧工厂思维者起步于对某一产品或服务的创意。也许他们想设计结婚礼服或销售化妆品，或许想提供住家老人护理服务或者承办到北极的极地游。其中有些想法也许的确很有创意，但他们犯了一个致命错误。用一种特定产品或服务来定义自己的企业，他们没考虑到将来人们不再对他们提供的产品或服务感兴趣时，或者新的竞争者开始销售同类产品时会发生什么。他们没把变化和竞争考虑在内。因为这一点，有一天他们也许会为一直扮演同一个角色而后悔。

旧工厂思维模式

用产品或服务定义企业

围绕一种产品或服务建立企业的另一个问题是你毫无必要地抑制了自己的潜力。如果认定自己从事锤子生意，你就不会思考销售螺丝刀，你把自己限制在一个非常狭小的框架里。在20世纪60年代，哈佛大学营销学教授西奥多·莱维特

（Theodore Levitt）把这种自我设限的心理称作"营销近视
症"（marketing myopia），他举了20世纪初铁路企业认定自
己从事铁路行业，看不到拓展汽车、飞机和其他交通相关业
务方面的潜力的案例。莱维特认为这种短视导致铁路行业把
自己的领域定义得过于狭隘，导致错失了重大的机会。

有产品或服务方面的创意不会错。要不断产生能提供新
价值的创意，而不是仅用这些产品或服务来定义自己或自己
的企业。

建立一家工厂

旧工厂思维者想到一种产品或服务，就开始建立一个操
作框架来进行生产和运输，通常从一张桌子、一台电脑、一
部电话、一叠纸和一支笔开始。从这个简单的物品开始，最
终形成巨型工厂，多级流水线、员工考勤分数，以及所有其
他跟企业增长相关的操作设备，例如卡车、仓库、标牌、复
印机和保险。

但对扩大生产的专注其实是陷阱，因为旧工厂运营是
围绕特定产品或服务规划的，这限制了你适应市场变化的能
力。如果你有一条生产锤子的生产线，就很难开始生产其他
东西。你还会对其他产品的潜力视而不见，因为你在自己的

架构上投入了太多感情和资金。此外，一旦你的产品或服务成为一种普通商品，运营成本就会产生严重问题。随着产品价格下降，开销成本却保持不变（甚至增长），很大一部分利润会被吞噬。

销售产品或服务

没有什么比20世纪50年代推销员向穿着围裙的家庭主妇上门兜售吸尘器的形象更能代表旧工厂时代了。虽然过分热情且黏人的推销员作为根深蒂固的文化符号让我们发笑，但很多企业至今仍在使用同样的方式进行销售。一旦他们选定自己的产品或服务，并围绕它运营，便会到市场上叫卖：这是我们伟大的产品，它比市场上任何其他产品都好，性能无与伦比。价格是××，我们会给你优惠。

在旧工厂时代，直截了当的销售很有用。人们乐于听到叫卖声，他们还没被每天成千上万的销售信息轰炸过，因为还不能借助安保系统或语音信箱等科技隐身，还比较容易触及。如果你敲门，他们很可能会开门；如果你打电话联系，他们也很可能会接电话。但是我们现在生活的世界已经完全不同，潜在客户更难触达，因为他们痛恨叫卖声。

除了无效，叫卖的理念还有其他缺点。由于对产品的特点和优点的专注，你不可能调查研究客户的真正需求。如果这个月的销售计划是1000把锤子，你不会去问客户真正想要的是什么。你不在乎，也不想发现他们其实想要螺丝刀。你只想让他们买锤子。这种对个人产品（锤子）和自己目标（卖掉1000把锤子）的侧重会让你以自我为中心，对其他人的需求不感兴趣，并阻止你建立更多关系、达成更高销量。

进行交易

交易是旧工厂思维者对成果计分的方式。如果今年他们销售10000把锤子，明年他们想卖掉20000把。依靠流水线获取更多产品和服务成了该组织的主要动力。企业的所有智力和创意方面的精力都集中在确定的一件事上：如何让更多产品流动起来？这虽然听起来像正确行为，但以交易为导向制定目标是旧工厂时代的另一个陷阱，因为它转移了你对其他机会的注意力，也许经过证实，这些机会才更有利可图。仅仅想着如何销售锤子，你不会创造利润可能更高的其他销售的价值（如螺丝刀）。

解读机器语言

旧工厂思维的流程如此深植于我们的文化，导致我们对它确信不疑。但我想让你做的是：质疑它。认识你自己的思维过程。你的企业是由产品或服务定义的吗？你的运营是不是围绕那一产品或服务？你直接叫卖吗？你通过追踪交易计分吗？

如果足够坦诚，你会承认自己使用了旧工厂思维。但不用担心，你不是个例。如今，有很大一部分商人都是这种思维，各行各业都是这样，包括生产企业、服务型企业、批发商和零售商，对私和对公企业都一样，甚至大部分互联网企业也是这样。

旧工厂商业模式在思想中根深蒂固，导致我们感知不到它的存在。就像是电脑的机器语言是植入计算机芯片里的代码一样。大部分人对计算机里这种层次的程序并不了解，他们熟悉计算机的操作系统（如iOS苹果系统）和单独软件（比如Word或Excel）的应用方法，但是不了解计算机的机器语言。然而，是机器语言决定了操作系统的架构和软件的应用。旧工厂商业模式也一样，过去200年来，它一直是所有企业的核心程序，但由于它如此根植于我们的思维里，以至于我们根本意识不到它的存在。

现在，让我们进入下一节讨论另一种选择：新工厂模式。

新工厂思维模式

哈里采用新工厂思维模式时更成功，因为他的思维从受限的自我定义——我们是家锤子企业——中得到解放，它让哈里能创造超出之前想象的新价值，并且为他提供了构建企业的新蓝图。这一新蓝图包含五个因素：客户类型；大理念；免费价值；会员计划；一站式商店。

确定真正想服务的对象

与旧工厂以特定产品或服务为导向不同，新工厂是围绕特定类型的理想客户而规划的。就像前文案例里说的那样，不要围绕一种产品（锤子）打造企业，也许你可以围绕特定类型的人群或组织（手工爱好者）来创建企业。新工厂不由所生产和销售的东西定义，而由服务的对象来定义。

客户第一的视角让你的思想摆脱枷锁。现在你可以自由想象服务客户的新方法——一些超越行业内所提供的标准产品的新方式。实际上，只要客户认为有价值，你就可以制造和销售任何东西。认识到这一点会让你的思想保持好奇、敏捷，并勤于思考。

从操作角度看，开放态度意味着每段关系都从空白开始，经历探索发现步骤，帮助你的客户明确目标，并制订计划，实现目标。基于市场上了解到的情况，即人们想要螺丝刀而不是锤子，只要能更好地帮助客户实现他们的目标，你就会乐于重组整个企业。

从更深层次上讲，将企业建立在特定客户群体上帮助你远离自我为中心的世界观。你的企业不再全部以你为中心，而以他人为中心。这一态度和目标不仅更有意义，而且对企业有利。使用新工厂模式可以帮助你把自己良好的社会愿望与谋生需求相统一，而旧工厂模式常常让两者很难兼顾。

让企业以某种客户群体为导向而不是基于产品和服务，在快速变化的市场也同样成立。我看到很多人把自己的商誉系于特定产品或服务，结果发现它越来越不受欢迎。然后他们只能从头开始，重新树立自己的品牌信誉（通常是基于另一产品或服务）。在不断变换的市场里，这是个非常糟糕的主意。但是，如果选择正确的客户群体，无论将来出现什么情况，你永远不用改变企业的基础，这会让你在瞬息万变的市场中立于不败之地。

赋予大理念

　　一个大理念传递了一家新工厂想要帮客户实现什么及独特的实现方式。它不是针对某种产品或者服务的创意，而是一种概念。客户不会将它捧在手上，而是铭记在心里。它包含两个元素：伟大目标和标志性解决方案。

　　大理念是卓尔不群的：它体现了一种超越旧工厂实现的狭义的利益，与其说是承诺，不如说是愿景。你不能保证能实现，但你愿意去尝试。下面是几个远大目标的例子：

- 安全性提高10倍。
- 满足感提高10倍。
- 关系网扩大10倍。
- 比以前有趣20倍。
- 成本降低50%。
- 销量增长300%。
- 工作量减半，收入翻番。
- 6个月减重20斤。
- 赢取奥运金牌。

- 让产品的用户体验更好，同时更节能。

为了效果，一个大理念要崇高而具有挑战性。这样你想要达成的目标会吸引客户的注意，并让他们受到激励。你想让潜在客户看到，你正在努力尝试帮他们实现远大目标。

大理念的其中一个组成部分是标志性解决方案。这是指能帮助客户实现远大目标且全新的、更高级的方法。它建立在你和众多客户多年工作经验的基础上。在此期间，你了解了什么可行、什么不可行，并最终形成了一个核心措施、工具或战略。例如，帮人在6个月内减重20斤，你可能有个标志性的解决方案叫：单脚跳法。你教客户每天单脚跳1小时，通过这种做法，让他们在6个月内减掉20斤（只要他们不每天喝6瓶啤酒）。通过多年积累，你已经掌握了单脚跳法是一个减肥的好方法。

包装一个大理念能为新工厂思维者带来很多益处。首先，很容易被市场验证。不需要投入很多资金，你可以通过几个现有客户实践一下，看看它是否可行，如果不可行，你可以轻松地换成另一个想法。这样，你能很快确定最佳的大理念。其次，它是另一项稳定的基础。不管市场上发生什么，你的大理念不需要改变。例如，人们不太可能将来就不想减肥了。最后，大理念会让你的智能和创新力二次聚焦。不需要绞尽脑汁地想怎么卖出更多产品，只需要把精力集中在思考能帮助客户实现目标的新方法上。现在，拥有一个更卓越的目标，让你的思维变得开放，一切围绕客户，而不是自己。

提供免费价值

为了把潜在客户拉出他们的销售困境，在销售过程中新工厂思维者提供免费价值，就像为了卖掉整盒巧克力而免费赠送一块。

免费价值策略的直接目标就是用户注册。通过让潜在客户订阅邮件或为了得到免费服务而进行注册，跟他们建立一种正式关系。现在，这种技巧应用非常普遍。很多企业为潜在客户提供免费服务，限期一个月或者长期提供。比如思盖匹（Skype）为注册用户提供免费电话服务，谷歌提供几十种免费应用程序，苹果公司提供千万个免费手机客户端。它们的目的是获得大量的免费用户，然后把他们变成付费会员。

要成为用户，申请者必须提供一定的个人信息并同意接受某种形式的长期沟通。这种做法称作许可营销（permission marketing），该术语由赛斯·高汀（Seth Godin）在其同名著作中首创。最终，其中一些用户会升级成为会员。

在销售过程中提供免费价值，可以采用很多形式，可以是订阅电子邮件形式的简讯，可以是产品或服务的免费版，也可以是一定时间的咨询服务。理想的免费价值是会员计划的复制版或其中的组成部分，这样用户就能感受一下成为拥有所有权限的付费会员后会是什么体验。

提供免费价值的方式让新工厂相对于采用传统销售技术的竞争对手获得巨大优势。首先，通过提供赠品吸引潜在客户要容易得多，你不需要把时间花在销售上，只需要提供免费样品。这种方法能加快销售流程，并降低销售成本。此外，提供免费价值会让企业与潜在客户关系的杠杆向你倾斜。为了获取免费价值，潜在客户必须向你提供个人信息和（或）他们的关注。你还可以决定谁能得到免费价值，谁得不到免费价值。就像热门俱乐部的门卫，你决定了谁能进谁不能进。从心理学的角度上对获取免费价值设限额，能让其价值显得更高，吸引力更大。

最重要的是，免费价值能帮你把更多潜在客户纳入范围。它能创造人气，营造出一种你的企业非常受欢迎的氛围。还能让你跟大量的潜在客户接触，并让你有机会展示所提供的价值，而不仅限于口头谈论。它还能让你摆脱推销员的负面形象，让你塑造成功的、广受欢迎的形象，让人们觉得他们很需要你的帮助。

把客户变为会员

旧工厂拥有客户，而新工厂拥有会员。"计划"的一部分就是让这些会员具备"会员意识"。他们意识到自己是大型社会群体的一部分，并对新工厂抱有特别的归属感。由于从新工厂这里获得很多价值——包括成为会员前和会员后——他们对购买其他东西呈开放态度，即便这些产品和服务并不属于该关系中原有的工业参数。例如，原来从苹果公司买电脑的人现在也购买音乐、电话和客户端。在亚马逊网站最开始购买书籍的客户，现在也购买日用杂货、办公用品和健身设备。

新工厂最重要的营销目标就是会员注册。如果今年有2000名会员，明年就想达到4000名会员。为了获得并维护这些会员，它建立了一个包含一系列会员权益的结构性计划，明确哪些是会员可以享有，但非会员无权享有的权益。这就是为什么美国运通公司（American Express）的宣传语说，会员享有特权。会员无论收费还是免费，其目的都是销售一站式商店里的产品。

培养会员意识很重要，因为现在的客户非常善变，他们不会因为购物的时候到处比价，或去竞争对手那里拿到更划算的交易而愧疚。但是会员会留在原地，因为他们已经在你的企业的生态系统中扎根。例如，我的继女罗宾一直劝我把苹果手机换成安卓智能机。"这个手机更好。"她说。但是我告诉她，即使我想换也换不了，因为我已经适应了苹果手机的生态系统。"如果要从苹果系统换成安卓系统，我的整个生活都得改变。"我说。

会员会依附新工厂的一个非常大的原因是他们接受了企业的大理念。对为什么他们与新工厂维持关系，他们心中有非常强大的"理由"（如拥有提高10倍的安全性，更高的满足感或更大的关系网），而且他们认为新工厂是唯一能提供这一大理念的企业，无论是从实际角度还是情感角度，几乎都不会考虑去找其他供应商。

让会员进入一站式商店

新工厂不会捆绑在任何特定的行业上。也许旧工厂从传统行业起步，但新工厂售卖多种行业的产品和服务。当下最好的例子就是苹果公司：他们不仅销售计算机行业的传统产品，而且还销售音乐、电话和电影行业的产品。

通过扩张进入其他行业，并销售其他企业生产的产品，新工厂潜在收入提高的同时，风险预测、成本投资或固定开销却不会增加。采用外部供应商的行为，能平衡经济中的现存资源。供应商乐意向新工厂支付佣金或中介费，因为他们不用做营销。为了接触到不断增长的新工厂的会员名单，他们愿意支付溢价（这就是为什么苹果公司能在销售音乐、电影和客户端时要求30%的提成）。

通过销售其他企业的产品和服务，新工厂还能充分利用"长尾战略"。这意味着新工厂能得到品类繁多的产品的供应，却不需要考虑卖什么、不卖什么。例如，苹果不用担心哪首歌会大卖，因为不管哪首歌大卖它都会赚钱；亚马逊也是一样，他们不关心哪本书最畅销。

一站式商店实现了三方共赢：会员、供应商和新工厂。会员赢在能在一个地方找到全部所需，供应商赢在能获得之前很难触及的客源，而新工厂赢在实现了被动收入。整体经济也会获益，因为新工厂激发了之前未得到充分利用的资源方面的需求。

开放的观念

旧工厂思维的大问题之一是对潜在机会持保守观念，这阻碍你想出更好的，为人们提供帮助的方法，让你变得以自我为中心，把自己的观念变得像紧握的拳头般封闭。

但是，新工厂思维和新工厂模型会打破观念上的桎梏，企业的核心体现了客户第一的理念，它让你看得更高，并把最好的想法付诸实践，能够让你向潜在客户展现所提供的价值，而不会因为叫卖把他们吓跑。还能通过把最好的客户变成会员，增强你与客户的关系。最后，通过一站式商店向会员提供各种资源能使你的收益潜力最大化。

新工厂的架构方式能适应21世纪的市场新情况：指数级变化、趋同化竞争和赋能的客户。作为价值枢纽，新工厂把会员网络和供应商网络联系起来，并通过不断扩充双方网络，实现有机增长。它能轻松适应市场变化的原因，是其核心商业基础——客户类型和大理念——都经得起未来的考验。在这种模式下运行，新工厂能够持续增强其影响力、客户关系和价值主张。这就是为什么未来以新工厂模式架构的企业会欣欣向荣，而以旧工厂模式为基础的企业会逐渐衰亡。

现在，我们来详细解读一下这五个因素，请见下一章：打造你的新工厂。

第二章

打造你的新工厂

决定你真正想服务的对象

"我做得最棒的一件事就是专注于跟建筑企业的老板合作，"道格（一名人寿保险业务员）告诉我，"那个策略至关重要。"

当我第一次见到道格时，他对自己的业务很不满意。

"潜在客户认为我只是一个卖人寿保险的家伙而已，我不知道怎么向他们解释，为什么他们应该跟我合作而不是跟其他人合作。人寿保险只是普通商品，哪里都能买得到。"

为了解决这个问题，道格从运用新工厂思维流程的第一步开始：专注于一种客户类型。经过考虑，道格决定专注于服务建筑公司的老板。他已经有几个这种客户，而且经过验证，与这些人合作利润丰厚，而且合作愉快。

转眼10年过去，道格已经把100多名会员纳入他的计划。每个会员都是建筑公司的企业主，绝大多数人都投保了人寿保险。道格赚得盆满钵满，现在准备退休了。他说："我做过最重要的事就是专注于一种类型的客户。当我告诉建筑公司的老板为他们提供专业服务时，他们很喜欢这一点。这给了他们一个理由选择我，而不是其他不具备这一专长的人寿保险业务员。"

专注于一种类型的客户可以有很多很充分的理由。首先，它让你不再聚焦于自己的需求和目标上，而是把重点放在应该放的地方：客户的需求和目标上。其次，让你的业务更聚焦，而且更易操作。因为只有一种类型的客户，你只须建立一个体系来维护他们。所以能持续不断地改进这个单一的系统，而无须在多个系统之间调整。最后，把你从行业和产品/服务种类的限制中解放出来。因为你的业务致力于服务某种类型的人群，你现在获得了许可，能为他们提供任何服务，甚至包括超出目前所在行业的常规参数的东西。

当你使用旧工厂思维时，你的想象力仅能超越所在行业的价值边界，但当你围绕特定类型的客户——而不是产品或服务——打造业务时，就没什么能阻挡你做想做的事了。

当选择你的客户类型时，审视一下你当前的客户清单，鉴别出最优质的客户。你最喜欢谁？他们能嵌入任何可定义的细分市场吗？是女性，还是健身爱好者？是护士，还是教师？是年轻家庭，还是退休人员，还是另一个可定义的细分市场？

行动计划

审视你的客户清单，并找出最优质的群体。

以清单为基础，选择你的客户类型。

告诉人们你专注于特定类型的人或组织。

关于行动步骤：在这章的每节结束的部分，我会为你提供行动步骤。你可以马上开始把这些观念付诸实践，不需要等到看完全书。想更多了解这种方法，请阅读埃里克·莱斯（Eric Ries）的著作《精益创业》（*The Lean Startup*）。

远大目标

赋予大理念

> 我们决定在这10年间登上月球并实现更多梦想，并非它们轻而易举，而正是因为它们困难重重。
>
> ——约翰·肯尼迪，1962年9月12日

肯尼迪总统是个新工厂思维者。他明白大理念的力量，知道大理念会激励人们实现难以置信的成就。

你也可以做到这一点：用大理念整合你所有的才能、知识和精力来实现非常远大的目标。其中只有一个陷阱，你要帮其他人而不是你自己实现这些远大目标。

一个大理念由三个部分组成：远大目标、重大问题和标志性解决方案。远大目标是指你要帮助人们实现的目标，重大问题是阻碍他们实现远大目标的事物，而标志性解决方

案就是你帮人们解决重大问题，实现远大目标中使用的独特方法。

远大目标是以客户为中心，而不是你自己。这是最重要的原则。旧工厂思维者竭力实现自己的目标，而新工厂思维者的目标是帮助其他人实现他们的目标。

比如，体育教练能帮助运动员在奥运会上获得金牌，医生可以努力帮她的病人健康20倍，而有些娱乐行业的人可以尽力帮他的客户拥有50倍的快乐。

一个远大目标会促进新工厂思维者创造新型价值。比如，教练可能开创一个高级训练流程来帮助运动员克服心理障碍，表现得更好。医生可能会开发一种将针灸、瑜伽和冥想相结合的整体保健方式。娱乐企业可以利用加强现实技术开发一种新型的基于全息图的探险游戏。

重要的是要把目标制定得非常远大。如果你尝试帮人们提高9%的生产率，或在8个月内减掉5斤，不会有人因此得到激励。这些目标太小了。试着帮他们提高300%的生产率或在6周内减掉20斤。那才是远大目标。

目标太小不会让任何人感到兴奋——包括你自己。但设定远大的目标并告诉人们，更多人会被吸引到你的轨道。如果人们说你的企图心太大，也没关系，反正不管怎样他们都会开始考虑并谈论你。

所以请挑战自己，不要听怀疑论者说实现不了，谁关心他们呢？远大目标会吸引目标远大的客户，他们才是你想合作的。这就是为什么我崇拜那些有超级目标且敢于公之于众的企业家。目标远大就是他们得到媒体上如此多免费宣传的原因，人们对他们尝试的事情感兴趣，并因他们野心勃勃而给予其尊重。

当你制定远大目标时，不要担心如何去实现。你要允许自己理想远大。但是，再次需要记住的是：这是你客户的远大目标，不是你的。旧工厂思维者可能会制定一个让财富增长10倍的目标，但新工厂思维者会制定让自己客户富裕10倍的目标。

我不想将这一点一带而过，因为这是新工厂思维的关键组成部分。旧工厂时代把我们限制在自己的个人目标上，而不考虑其他人的目标。但是在新工厂时代，没人关心你的目标，人们想知道你能为他们做什么。

在当今的市场情况下，大多数人已经实现了很多目标。他们有房有车，衣食无忧，还有电视、电脑和智能手机等。那么，他们下一步的目标是什么？有什么新目标能超越他们已实现的目标？

远大目标会给予客户新欲望。新工厂流程中的一部分是询问客户当前想要的和需要的是什么，而更高级的是给他们一个可以成为新的目标的创意，一些他们之前没想到过的东西。例如，一个参加我咨询项目的会员想帮助客户对自己的财务状况心态平和100倍。另外一个跟我合作的企业家制定的伟大目标是帮助生产商优化他们的工业设计流程。我的另外一个会员——一名生活教练——想帮助人们对自身价值的评价提高25倍。

重点是，这些新工厂思维者并不让客户决定其目标是什么。不，他们建议客户追求更大、更高的目标。比如，20世纪90年代，一家加拿大的人寿保险公司投放了电视广告，广告中是一群比实际年龄显年轻的55岁老人享受退休生活的情景。旁白解说是：你不需要等到65岁，55岁就能退休。

这个广告轰动一时。很多潜在客户想着55岁能够退休，便纷纷联系这家企业。"我想55岁时退休！"他们说。由于这次活动如此成功，企业甚至把名字改为"财务自由55"①。

所以新工厂思维者激励客户制定更高远的目标。他们

---

① 为保证意思顺畅，文中选择意译，这家企业的官方中文是"伦敦理财"。——译者注

承认一项事实，即客户想的可能性常常被其有限的想象力束缚。就如亨利·福特所说："我要是问客户想要什么，他们可能说的是，跑得更快的马。"这个激励客户制定更高目标的理念在马修·狄克逊（Matthew Dixon）和布伦特·亚当森（Brent Adamson）合著的《挑战式销售》（*The Challenger Sale*）中解释得很清楚。

当制定远大目标时，你会发现自己精力和注意力瞬间提升。你会开始"想象并规划"能帮客户实现目标的新途径。如果你的伟大目标是帮人们减少家用能源消耗，你就会全身心投入其中：开始调研，尝试新技术，还会拉其他专家和战略伙伴加入，你还会在想要实现的远大目标的领域中变得越来越敏锐，你了解的知识也会越来越多。

我的目的是帮你拥有比现在多100倍的成就感和满足感，相应地促使世界经济繁荣100倍。这个要求很高，但我的斗志被激发了，它让我专注于学习和思考。我不会无所事事地抱怨世界的现状，而是采取行动让世界变得更好。

我曾经只把注意力放在自己的个人目标上，但后来认识到，帮助其他人实现目标才是实现我自己目标的最好途径。这样做还让我感觉更好，我感觉跟这个世界联系得更紧密，工作对我也更有意义。

想象一下，如果所有人每天去工作的目的都是为了帮助其他人实现伟大目标，世界将会怎样？你认为会发生什么？我相信经济将会一飞冲天。每个人都是热切的价值创造者，他们将会更加充分地发挥其智力和创造力，自我感觉会更好，会更充满热情地运用自己的技术、知识和才能。

所以，制定一个伟大目标，并帮其他人实现它。

行动计划

考虑你的客户。他们已经实现了什么目标？你能帮他们实现什么更新、更远大的目标？记住，目标要围绕他们制定，而不是围绕你自己。

从清单中选择最让你兴奋的那个远大目标。将它公之于众。注意，你的远大目标是目的而不是承诺。

思考你已经做过哪些事情能帮客户实现远大目标。然后思索有什么新的知识、资源和工具能提升你现有的能力。寻找能帮你的客户实现伟大目标的合作伙伴。

你当然不知道如何实现

很多人甚至从来都不给自己制定伟大目标，主要原因是他们马上就会说不知道如何实现它。但这不是新工厂思维者的做法。他们承认不知道如何实现目标，但是会努力找到办法。在肯尼迪做那个著名的登月演讲之前，美国已经知道如何登月了吗？并不知道，但他们最终登月成功。你也可以用同样的做法。

重大问题

我在高速公路上看到一张广告牌，上面写着：你的脚趾患有灰指甲吗？我从来没听说过这种病，也不觉得自己患过，但当时的确有一点疑虑悄悄爬上心头。也许我的脚趾得过灰指甲，可我不知道。那天晚上，我检查了脚趾，它们看起来很好，肯定没有灰指甲。但以防万一，我还是买了治疗脚趾灰指甲药膏。你呢？你的脚趾患有灰指甲吗？

让客户注意到之前不知晓的，未经确认的问题，是广告公司使用了几十年的试错法营销。其策略是让人们担忧一些原本不知道应该担心的问题，然后为他们提供解决方法。该策略虽然被用在不道德地销售蛇油和其他虚假宣传上，但其形成是合法的，是能够真正为人们提供帮助的大理念过程中重要的一步。

这就是为什么新工厂思维者要寻找亟待解决的重大问

题。他们寻找效率低下、市场分割、未得到满足的需求和不必要的痛苦，然后开始努力，找到解决这些问题的创新性方法。

1999年，我写了一本书，名为《战略性企业》（*The Strategic Enterprise*）。书中提出了一个问题，我称之为产品首位式陷阱（The Product-First Trap）。我曾经问自己："公司增长迟缓的关键原因是什么？"我意识到其原因是他们过于迷恋自己的产品，从而看不到为客户创造其他价值的机会。

这本书发售后，我在知名消费品及医药公司强生公司（Johnson & Johnson）的年度销售大会上做了演讲。在200名管理人员面前，我简要讲述了"产品首位式陷阱"的特征及其后果。演讲才开始了10多分钟，首席执行官就站起来说："比尔是对的，我们就是陷入了'产品首位式陷阱'。我们要仔细听听他接下来要讲的内容，并走出这一困境。"毋庸赘言，我随后的演讲取得了很好的效果，并签订了一份金额可观的咨询合同。

比这早5年时，有关互联网营销的书《数字时代的战略营销》发行后，我有过相同的经历。在这本书中，我命名了一种"技术上瘾"（Technopia）的问题，有这一问题的公司过度沉迷于技术，从而忽略了基本的商业和市场规则。经估测后，我认为人们被互联网的狂热冲昏了头脑。1999年互联网泡沫破裂时，这一判断得到了验证。

独创"技术上瘾"一词是个能盈利的战略。1997年12月中旬的一早，我接到国际商业机器公司（IBM）营销副总裁的电话。他读过我的书，认为他们公司存在致命的"技术上瘾"问题，他想聘请我来解决这一问题。搞笑的是，他让我立刻过去签收50000美元的支票，这样他就能把这笔费用算到当年的部门开支预算里。当然，我毫不犹豫地照办了。

旧工厂思维者最开始的时候通常是问题解决者（即满足人们对鞋子或人寿保险的需要），但到最后他们不再努力解决客户的问题，而是把注意力放在努力卖产品上。相反，新工厂思维者把时间主要花在思考客户的问题上，寻找客户看不到的麻烦形式上。这一视野开阔的认知让新工厂思维者具备识别问题的能力，找到顾客面临的问题，这些问题虽然不致命，但给客户造成了极大困扰。

当然，问题永远都会存在，不管是个人、企业还是社会，永远都有无穷无尽的问题需要解决。仔细观察一下，你会发现到处都是问题。你或许看到企业在生产过程中浪费能源，或许注意到太多人因为吃太多快餐而导致肥胖，或者你发现自己所在的社区成年人文盲比例很高。

要记住，你不能只靠自己来解决重大问题，而是要作为"价值枢纽"整合不同的资源来解决问题。在威廉·D.艾格斯（William D. Eggers）和保罗·麦克米伦（Paul Macmillan）合著的优秀著作《方法革命》（*The Solution Revolution*）中，两位作者列举了几十个企业和社会创业者成功解决重大问题的例子，例如，联合利华（Unilever）员工的目标是通过联合各方力量，包括政府、非政府组织（NGO）、社区企业家等，解决降低发展中国家的痢疾致死率问题。通过创新性策略，他们开发并推广了一款让日收入低于1美元的人们也能买得起的新品牌的肥皂。通过首先找到一个重大问题，现在联合利华在获得巨额利润的同时也实现了重大社会效益（降低痢疾的死亡率）。

在另一个例子中，一位中国的公益创业者创办了一家发展迅猛的企业，利用从海洋里回收的塑料来生产服装。在了解到海洋中不断囤积废弃塑料的情况后，她创办了这家企业。她问自己：怎么能在清除塑料这一问题的同时还能盈利呢？这让她产生了向渔民付费回收海洋中的塑料碎片，然后用这些回收塑料生产衣服的想法。

给问题命名是非常有效的做法，比如脚趾灰指甲。它能将你的客户的思路引到这一想法上。例如，芳必适（Fabreze）①制作了一系列很幽默的在线广告，介绍了一个叫作"嗅觉失灵"的问题。当产生嗅觉紊乱的问题时，你就闻不到家里的怪味。如果对这一令人痛苦的怪味不做处理，当没有嗅觉问题的朋友和家庭来访时，就会出现尴尬的状况。

嗅觉失灵是一个重大问题的绝佳例子，因为它引起了客户心中的疑虑。当他们听说这一疾病时会疑惑："我家是不是有怪味而我没闻到？我的嗅觉有没有失灵？"一旦他们心中产生了这个疑虑，显而易见的反应就是把家里所有东西都用芳必适喷一遍——以防万一。

精准发掘重大问题，需要看透表象，找出导致这些现象的根源。可能客户做了什么（如每天抽两包烟导致了肺癌），也可能没做什么（如员工生产效率不够高导致利润下降）。重大问题也可能是错误的思路，想想泰坦尼克号的船长，他错误地以为，他的船是绝不会沉没的。这导致他未采取必要的预防措施——例如探查冰山，准备足够的救生艇等。他如果改变这一思路就可以挽救很多生命，包括他自己。

在本书中，我要讲的问题是旧工厂思维。这不仅指企业

---

① 此处的英文拼写应该是Febreze。——译者注

完全以其产品为核心（"产品首位式陷阱"），还指他们在新型的市场环境下还在用过时的思考方法。这个问题如果得不到解决，会导致企业发展停滞，多数情况下会被行业淘汰。

我们要寻找问题并找到问题的根源。为什么企业增长停滞？为什么人们的健康状况很糟糕？为什么这么多儿童辍学？

当你用这种新工厂思维思考时，你就不再愤世嫉俗或听天由命，你会认识到成为问题解决者比单纯地发牢骚抱怨更好。毕竟，抱怨能做什么呢？能解决问题吗？并不能，抱怨只会让你消沉或者愤怒。

因此，停止抱怨，开始解决问题吧。发现重大问题，并以解决它为目标，不要被喜欢抱怨的人和悲观者阻挠。找到愿意帮助你解决这一重大问题的积极进取的人。

着手解决一个重大问题，会激发新思路，让你充满智慧。你会更积极、投入地生活和工作，还会吸引并影响其他问题解决者，共同实现你的目标。

那么，你想要解决的重大问题是什么？

行动计划

考虑你的客户。他们有什么重大问题是旧工厂没有解决的？为什么他们会有这些重大问题？他们因为做错了什么或者没做什么导致了这些问题？他们是不是被某种过时或者无益的思考方式阻碍了？如果是的话，这一过时或者无益的思考方式是什么？

从清单中，选择你想解决的重大问题。选择能够让你感觉到充满能量和使命感的重大问题。

对这个重大问题进行命名。比如脚趾灰指甲或嗅觉失灵。

告知人们这一重大问题。告诉人们你正在积极解决这一问题，并让他们为你提供帮助。

标志性解决方案

大理念的第三个组成部分是标志性解决方案。这是指你帮助客户解决重大问题，实现其伟大目标的独特方法。

比如肥胖是你想解决的重大问题，你的目标是帮助人们在6周之内减掉20斤（并且不会反弹）。新工厂思维流程的下一步是确定让人们实现这一目标的最佳途径。经过调研，也许还有一系列实验，假设你得出结论，每天单脚跳60分钟能解决这个问题。你把这种方法叫作单脚跳减肥法。然后你通过撰写教育类博客和制作有关这一独创方法的视频在市场上进行推广。

假设你能帮助人们解决财务问题。重大问题是，很多人退休后，手里的钱不够用到去世，得靠家庭养老或者政府补贴。远大目标是帮人们实现退休后的收入比预期增加3倍，你的标志性解决方案是基于北美西部发现的一种鸟，西丛鸦储食策略的一种独特投资方式。你通过把观鸟的热情与投资兴趣相结合得出了这一理论，并把这种特殊技巧叫作"丛鸦投资组合体系"。

我们假设你想帮助制造企业提高运营效率。重大问题是由于低效的供应链流程，大多数制造企业在能源和人力资源上产生了巨大的浪费。你的远大目标是帮助生产企业在3年内把物料通过量提高5倍。基于20多年的经验和实践，你开发了一个闭环反馈报告系统，它能够持续提高供应链的效率。你把这种方法叫作"熵减螺旋法"。

注意，每一个标志性解决方案都是一种理论或者理念，而不是一个特定产品或服务。这又给你的企业一个定位锚，避免企业被将来未知的变化摧毁。更让人难以抗拒的是，这一标志性方案专属于你，它是你的理论，你的方法。作为一个新工厂思维者，你的品牌是建立在任何竞争者都无法效仿的基础上。你知道任何竞争对手都不可能声称他们也用"丛鸦投资组合体系"或"熵减螺旋法"，因为只有你知道其真正的运作原理。

通过独创一个标志性解决方案并对它进行包装，你会在只有热狗供应商的市场上成为美食大厨一般的存在。你烹制出一份独一无二的大餐，不仅更吸引人，而且效果也更好。当然，这是标志性解决方案的另一个主要特点，它不是镜花水月，也不是一堆营销噱头，而是切实可行的。

标志性解决方案也不是凭空想象出来的，它是结合你的教育背景、经验和兴趣，并抱有解决重大问题和实现重大目标的志向而形成的。这就是为什么新工厂思维比旧工厂思维更能够为人们赋能，它让你能够把与自己互不相关的方面结合成一个有机整体，为世界提供价值——很高的价值。

一旦确定了标志性解决方案，你就需要对它进行测试，你需要找到10个以上的主体参加一个第三方的新产品测评。一般你不会收取任何费用，因为这些人是在帮你。在每次测试结果的基础上，你不断对自己的理论进行全方位的完善，包括流程、使用的工具、沟通形式等。例如，你可能会发现没人能理解"熵减螺旋法"，于是把其改名为"内部反馈模式"。

重要的一点是，你要记住标志性解决方案不是关于你做什么，而是关于你知道什么。基于多年经验，你了解到什么可行，什么不可行，知道客户做错了什么，怎么能帮他们得到更好的结果。当前阶段我们在做的是挖掘这些知识，并把它放到突出位置。

我的一位澳洲客户——尼克·布洛尔（Nick Bloor），开发了一种运营大规模物业管理项目的方法，他将其称为"综合植被管理"。这种方法在其公司内部使用了十几年后，他们才把它转化成了知识产权。现在他们向市政和大型对公客户销售综合植被管理系统，并把物业管理分包给其他企业，包括之前的竞争对手。

"我的旧工厂是做事型企业"，有一天尼克跟我说，"我的新工厂是思考型企业。"

尼克的说法一针见血。旧工厂思维者相信赚钱的唯一方法是为客户做些什么。新工厂思维者明白更好、利润更高的做法是凭借自己所了解的知识，而不是依靠所做的事来盈利。这就是为什么对你的知识库进行系统整理是一个很好的主意。你会发掘出无价的创意、智慧和创造性解决方案，他们一直在你脑海里闲置。

要确定标志性解决方案，你可以从零开始。不要考虑现有的产品/服务或行业。深入思考客户的情况，他们需要做哪些改变来解决重大问题，实现远大目标？假设一切都有可能且资源不受限制。

把你的标志性解决方案作为市场营销的中心。对潜在客户进行相关问题的教育——如32%的人本可以不受肥胖困扰。告诉他们这一远大目标——帮助人们6周内减掉20斤。对标志性解决方案进行解释——一天单脚跳1小时，然后通过教他们按照所设计的步骤，一步步实现目标——即6周内减掉20斤。

重申一下，标志性解决方案本身不是一种产品或服务，而是一个理念。它在你价值枢纽中的作用就像花样滑冰中的"一周半跳"，能包含成百上千的产品或服务。这就是它的美妙之处，标志性解决方案不限制你为客户提供什么，而是无限拓展你的产品和服务的潜在储备。我们将在"一站式商店"部分更详细地阐述这一概念。

找到准确的标志性解决方案会花一些时间。不要太过固守最初的想法。对你的标志性解决方案进行测试和完善，从大方向开始，然后逐渐细化。20世纪80年代，我刚开始创业时，发现大部分企业主没有市场规划，他们即使做了一些市场调查，也主要集中在营销工具（如广告、网络）上，而不是战略上。我称之为"营销工具陷阱"（The Marketing Tools Trap）。我的标志性解决方案就是帮他们制定一份营销规划，这个效果很好，但那是个非常普遍性的解决方案，很容易使其陷入竞争。我意识到，谁都可以说自己能帮企业主制定营销规划。

为了更有针对性，我进一步调整，并问自己：营销规划的关键因素有哪些？我得出的结论是一个大理念，是独一无二的能帮客户在竞争中脱颖而出的东西。我明白，如果没有大理念，营销规划可能行不通。因此我微调了方法，重大问题成了企鹅问题（The Penguin Problem），在所在行业中，从企鹅般的众多企业中脱颖而出是非常困难的。标志性解决方案是设计并包装一个大理念——大理念探险之旅。

新的标志性解决方案效果更加显著。首先，由于针对性更强，意向客户更容易理解我的建议。其次，它有更高的壁垒。很多人能制订营销计划，但是只有为数不多的人能创造大理念。实际上，我还从来没遇到过任何人想要在大理念方面跟我竞争，这意味着我基本没有竞争对手。

因此，即使最开始你的标志性解决方案相对简单也无须担心，它本来就不需要很花哨。解决客户问题的方法可能非常直接，他们只是需要有人指出重大问题并帮他们解决。要记住，你的竞争者是旧工厂思维者，他们还没有转换成你这样的思路。他们还沉浸在推销自己的产品和服务上，脑袋里想的唯一问题是顾客买他们的产品不够多。这就是优步胜过出租车公司的地方。出租车公司把精力集中在销售出租车程上，它们没考虑如何利用新技术为出租车附加增值体验。

最后再强调两点，第一点，要记住你的伟大目标只是目标，而不是承诺。你不能保证跟你合作的所有人都能实现这一远大目标。但是你期望通过不断打磨标志性解决方案努力实现它。

第二点，最佳标志性解决方案是技术、能力和资源的结合，在之前这些还从没形成一个整体。就我的情况来说，我融合了餐馆服务员的经验（如何卖龙虾）、旅游学校的教育经历（话术和故事）和对创新的激情（大理念）。这就是为什么这一过程的作用如此强大，它能让你把之前相互割裂的各个方面融合起来，形成一个整体，为市场提供巨大的价值；它的赋能让你凭借之前潜藏的、碎片化的或者未经充分利用的技能获得丰厚的回报。

传达大理念

卓越价值能借由文字传达出去。使用恰当的词语通过简单的方式传达复杂的理念，你帮助客户快速认识到之前没有发现的问题，并着手实现他们之前从未尝试追求过的远大目标。但是你必须得有效传达这些理念，你只有几秒钟的时间把自己的信息传达到位。如果你使用了恰当的词语，就能让他们远离歧路，走上更正确的道路，那么多年以后，当他们回顾过去时，就会意识到你解释自己大理念的时刻——他们理解的那刻——是他们人生或者商业道路上的关键转折点。

所以开始琢磨传达大理念的方法吧。把远大目标和重大问题告诉人们，并告诉他们你的标志性解决方案。不要当作秘密私藏，而是要告诉所有人。这种实验能很快完善你的理念和信息。你会发现什么样的理念引人瞩目，哪些理念平平无奇；你会学到哪些话语能在市场上引起共鸣，哪些话语将毫无反响。很快你就会为自己的大理念编织出光鲜的故事。

在此有几点额外建议。不要让自己听起来像销售员，要有热情，但不要强行推荐你的大理念，要实事求是。此外，如果有些人贬低你的理念也不要气馁。这些都在意料之中，很多人充满负能量，他们总是打击拥有伟大理想的人。但这些人不足为患，去寻找欣赏并鼓励你去做的、积极正面的人群。

要记住，很多人的思想仍被旧工厂思维占据，他们还没读过这本书呢。作为一位引领者，请你为抗拒和怀疑做好心理准备。这是挑战的一部分，同时也意味着机会。担任领导者的职位意味着你选择了一条艰难的路，但这也是一条通往机会的路。

行动计划

再次考虑你的客户。为了解决重大问题，实现远大目标，他们需要做什么改变？什么活动、战略或思考流程能够让事情有所改观？

思考：你能整合哪些不同的技术、才能和资源来帮助客户实现远大目标？从零开始，允许自己考虑之前不敢想象的解决方法。邀请你的团队、助手、客户甚至竞争对手来帮你确定标志性解决方案。

为标志性解决方案命名。比如"单脚跳法"或"熵减螺旋法"。

测试你的大理念（远大目标、重大问题和标志性解决方案），把它告诉10个人。

提供免费价值

在新工厂时代，免费的午餐是有的。你可以获得免费的电话服务，免费的网络链接，免费的大学课程和免费咨询等免费的一切。

如今聪明的营销人知道吸引大量潜在客户的最好方法是提供些免费的产品或服务。就像免费赠送一块巧克力一样，你可以花费小额费用为盒装巧克力打广告，或者提供赠品。潜在客户抗拒销售人员，他们通过设置语音信箱和过滤垃圾邮件屏蔽市场环境。提供免费价值是最好的解决方法。

旧工厂思维者在客人下单之前不会提供任何价值，他们叫卖产品，告诉客户产品的特点和功能，并报价。如果客户支付费用，旧工厂思维者交付所承诺的价值。

新工厂思维者却反其道而行之，在销售过程中提供价值。他们向潜在客户提供一些免费的东西——比如知识、工具或想法。他们意识到免费价值的策略更简单易行，费用更低而且比旧工厂销售方式更有效。

　　几年前，我妻子注册了思盖匹，她惊喜地发现，她能给世界任何地方打电话——而且免费。"这太棒了，"她说，"可是思盖匹免费提供产品的话，他们靠什么盈利呢？"我解释免费网络电话并不是思盖匹的真正业务，而是他们的营销战略，这种模式后来被称为"免费增值"模式。利用这种模式，公司提供一些免费的东西来吸引一定比例的人注册收费项目。

　　你自己可能也体验过免费增值服务，尤其是在线产品。我的情况是，体验了免费服务后，我注册了几个付费产品，现在我是思盖匹、领英（LinkedIn）、谷歌和其他好几个云服务的付费用户。

　　要记住，免费价值战略不仅仅适用于互联网企业，它适用于任何类型的企业。不用靠性能、优势或价格进行销售，只要赠送一些有价值的东西来吸引更多潜在客户即可。

　　理解并利用这一原则帮助我的企业呈指数级增长。过去，我告诉潜在客户，如果他们聘请我，我会帮他们打造和包装一个大理念。但是这种传统的销售方式效果并不好。潜在客户不能具象化大理念以及理解这一理念能为他们做什么，因此我决定免费提供大理念。现在，我为潜在客户进行有关大理念的免费咨询。在这个阶段，我帮他们确定大理念，并起草一份全新的电梯演讲。利用这种免费价值的方式，我能更快地达成销售，因为潜在客户不再只是听说那盒巧克力，还能免费品尝到。

免费价值的形式可以有很多种，比如创意、知识、在线服务或手机客户端。你可以赠送服务时间、关注或提供帮助。理想的情况是免费价值要和你所销售的东西有关联。如果你销售旅游服务，那么你没道理为潜在客户免费加油。

不要给你的免费价值增加附加条件，例如，10%的折扣不是免费价值。销售展示也不是免费价值。把客户的推荐告诉潜在客户也不是免费价值，它需要有实际用途，而且不和销售捆绑。

免费价值能够提高你与潜在客户关系中所占的权重，要获得免费价值，潜在客户需要回馈些什么，至少他们要告诉你名字和电子邮箱地址，并允许你定期与他们沟通。他们还可能需要把自己的时间和注意力交给你，让你进一步了解他们。

向你索要免费价值的潜在客户变成了"订户"。这是个合适的称呼，因为他们就是订购你大理念的用户。他们喜欢并理解它，也许还不能加入你的付费项目，但他们是你事业的支持者。

很重要的一点是，不要对你的订户耍诱饵调包销售的手段。当你给他们发信息或者邀请他们参加网上研讨会的时候，不要借机叫卖。你的电子邮件和活动应该是实用的、有教育性的甚至是娱乐性的，否则很多潜在客户就会退订。

新工厂思维者明白，在21世纪的市场上，在消费过程中提供免费价值是吸引潜在客户的最好途径。他们意识到，很多旧工厂提供的普通商品和服务可以作为新工厂的免费价值。在20世纪80年代，我为一家全国性移动电话公司（那个时候还称作数字蜂窝式电话公司）做营销工作。那个时候数字蜂窝式电话售价1800美元，还要有电话线接到汽车上。但是我能看到将来会发生什么，我告诉人们，有一天手机公司会为了让顾客签订服务协议而免费赠送手机。那时没人相信，免费赠送价值1800美元产品的想法太荒唐了。但现在，通信服务商为了签到2—3年的服务协议而赠送手机。所以，要当心，新工厂为了吸引会员可能已开始赠送你的产品或服务了。这就是创造超越旧工厂竞争者的价值为什么这么重要，这样即使你的产品或者服务成了免费价值的素材也没关系。

当然，在这方面你可以主动出击，免费赠送你的产品或服务，以实现把更高利润的新工厂项目销售给顾客的目标。你也可以把另一家公司的产品作为赠品，我的一个销售大学教育理财规划的客户开创了一个"新手妈妈注册网"，孕妇在网站注册后会收到很多免费样品，如尿布和婴儿食品等，还有大学基金理财专家向她们提供免费咨询。这对我的这个客户来说是个优秀的免费价值战略，因为他不需要提供这些免费产品，其他公司会提供。每年有50000多名妈妈注册，为这家企业带来10000多笔大学基金的销量。

为了适应新工厂思维的这一方面，必须得克服根深蒂固的传统销售观念。你要停止谈论你的产品和服务，停止竭力地证明你的产品比竞争者的更好，停止推销。只需要免费赠送些什么，你就会节省很多时间、金钱和精力，还会吸引到更多潜在客户。当然，其中有些潜在客户会是吃白食的，那也没关系，这是在扩大影响的过程中不可避免的问题。但是你会遇到更多理想的客户，他们在尝试免费价值后就会购买。其结果是得到更多会员，实现更多销量。

行动计划

头脑风暴找到免费价值创意。你免费提供什么能吸引潜在客户？

用几个潜在客户做实验。向他们提供免费价值，看看他们是否感兴趣。在给太少和给太多之间找到正确的平衡点。

（你只需要提供足够吸引潜在客户的数量，如果一块巧克力就能达到目的，就没有必要赠送两块。）

开发一个两级免费价值体系。给所有的潜在客户一块巧克力，然后进行资格筛选，看哪些是潜在会员，再向这些理想的潜在客户额外提供一块巧克力。这种分级的方式会帮助你让理想的潜在客户介入得更深，达到将他们转成会员的目标（详见下一节）。

把客户变为会员

最近我给一个企业家协会做了一次有关新工厂的演讲。这次活动在当地一家商场的微软（Microsoft）专卖店里举办。有意思的是，苹果专卖店就在隔壁。趁着演讲前的一小时的空闲时间，我看了看这两家店里的情况。这两家店在大体上看不出什么区别，苹果和微软都拥有很棒的产品，他们的员工也都友好而专业，两家企业也都很有创新精神。但是，这两家有一个巨大差异。当去微软店里的时候，我看到的是顾客，而到苹果店里时，我看到的是会员。在我看来，这就是苹果不断增长而微软在困境中挣扎的原因。微软属于旧工厂，把重心放在产品上，而苹果是新工厂，以获得会员为中心。

这个理念很难理解，尤其是当你还停留在旧工厂思维时。毕竟你看到的只有两个词之差：客户和会员。为什么结果如此不同？关键在于意识，你从旧工厂那里购买产品，是因为喜欢其性能和价位，你甚至可能对这个产品很狂热，觉得它是世界上最好的产品。但是你的忠诚度也只能达到这个深度，如果另一家公司发布了一个更高级而且价位更好的产品，你会受到诱惑并见风使舵。

然而，新工厂的会员和企业的关系会大不相同。成为会员不仅可以拥有一个产品或享受一种服务，还可以作为个人的一种身份。成为会员是塑造自我形象的一部分，是生活方式的有机组成。即便竞争对手生产出更好的产品，会员也不会选择退订，因为他还得随之改变自己的个人形象。

我自认为是苹果用户。从20世纪80年代起就一直使用苹果电脑及其大部分产品。我在苹果公司构建的生态系统里生活和呼吸。当涉及与苹果的关系时，我有会员意识。与这家企业的关系已经和我的个人形象融合在一起，我觉得自己是更大的社会群体中的一员，很多人通过苹果会员联系在一起。

我对其他几家公司也有会员意识，包括美国运通公司，开市客（Costco）和亚马逊。美国运通卡能让我使用世界各地机场内的专属贵宾室，这点让我非常喜欢；加入开市客的会员，是因为我喜欢通过大批量购买商品而省钱；而对于亚马逊，我喜欢在买任何东西之前先到他们的店里看一下。在大多时候，我最终会在亚马逊店里购买，因为我建立了一个属于自己的快速可靠的运送系统，可以节省很多时间和费用。我还是亚马逊付费会员，只要支付年度会费，就能享受无限额运费全免。

新工厂创建会员项目是为了围绕客户建一道围墙，作为壁垒对抗日益加剧的竞争。它们不想让自己的客户被偷走，而是想把其他人的客户"偷"过来。这就是亚马逊对史泰博（Staples）所做的事情。很多亚马逊的顾客最开始只是购买书籍，但后来也购买办公用品。这意味着史泰博不是被另一家办公用品公司代替，反而是被一家卖书的公司挖了墙角。迷失在旧工厂思维中的史泰博不太可能预料到这个结果。

在新型市场环境下，培养会员意识至关重要，因为销售成本在急剧上升。前文解释过，现在比以往任何时候都更难获得一个优质顾客。正因如此，对这么难获得的顾客，只做一次性销售是非常不明智的行为。一旦获得他们的信任，你就要想办法向他们销售尽可能多的东西，让他们在此停留时间尽可能久。这就是为什么像苹果、谷歌和亚马逊的一站式商店里会提供这么多品类的产品和服务。

启动会员项目很简单，首先，决定会员能享受哪些普通会员享受不到的权益，可以是专用入口、附加功能、技术升级或仅限会员参加的活动邀请。运通卡不仅能让我进机场贵宾室，还能让我优先购买音乐会门票；领英尊享会员为我提供加强功能，比如扩展简介篇幅；当地美术馆的会员资格，让我能获得邀请参加特别派对和艺术展预展。

能限制你为会员提供服务的只有想象力，任何他们发觉有价值或会让他们觉得特殊的，都可能是好主意。我的会员之一——克里斯·霍兹（Chris Hotze）开创了一个创新式会员福利，最开始他觉得可能行不通。克里斯的旧工厂是在休斯敦地区销售房地产投资。他为自己的新工厂首创了接龙项目。一旦投资了克里斯的项目，会员会收到一个有额外福利的礼包，其中包括休斯敦一家最豪华饭店酒柜的专属使用权。

"开始我觉得酒柜的主意是胡闹，"克里斯说，"但随后我发现它注意到了潜在顾客的想象力。事实是，最近注册的三个会员整天都在谈论酒柜的事情。这种方式让我改变了对自己企业以及对客户心中的价值构成方面的看法。"

其关键是分成两个层次：客户和会员。意向客户需要决定他们想成为哪个，是只做一次简单的交易，即成为一名顾客，还是成为会员享受升值权益。当然，要成为会员他们得支付更多费用，而且要更多地参与到整个过程。认可这一大理念很重要，他们得愿意参与其中，来实现伟大目标，解决重大问题并进行标志性活动。

设立会员项目能解决困扰旧工厂的很多问题。第一，能帮助沟通，告诉潜在顾客为什么应该选择你的企业而不是竞争对手；第二，能展示你提供的所有附加价值；第三，如果客户选择这个项目，他们愿意支付权利金；第四，能够围绕你的客户建立壁垒，使他们不会轻易转向你的竞争对手。

会员项目有两种类型：整合性和非整合性。整合性会员项目中，你的会员之间相互联系。脸书（Facebook）[①]和领英是整合性会员项目，这是最好的类型，因为它能够让会员和公司深度捆绑。如果不再是会员或者转向竞争对手，整合性会员不仅要离开你的企业，还要离开其他会员。非整合性会员项目在这方面则有所不及，但是有时候新工厂更想让会员之间彼此独立，苹果和亚马逊就是这方面的例子。

你可以通过这几个方面强化会员意识：首先，选择超越基础顾客层次，成为会员这一行为的本身能让你的客户有被赋能的感受，他们是自己选择成为会员的，而不是被迫的；其次，不停地提醒他们，会员身份非常重要，发邮件说明新增的会员特色，给他们发会员卡等；最后，为活跃的会员提供奖励，包括积分、奖赏和额外礼物等。

[①] 2021年10月28日改名为"元宇宙"（Meta），本书仍保留脸书译法。——编者注

从审视现有的客户清单开始，把他们分成两类：理想型和非理想型。把理想型客户转成免费会员，通知他们无须额外付费就能成为会员，你只需要说明白他们是特别的即可。这个战略会帮你在最好的现有客户周围建立起壁垒，还能为会员特点的测试项目提供潜在实验对象。

把增加会员作为市场营销的首要目标。你仍然可以和自己上门的客户做生意，但是得到一个会员的价值相当于得到20位客户，中间的区别堪比销售热狗与美食大餐之差。想象一下如果你拥有100名甚至10000名和你现有理想客户一样的会员，你的企业会是什么样子？

描绘一下哪些是会员能得到而非会员不能享受的权益。要敢想，构想出尽可能多的可以纳入会员项目的潜在特色。注意，你不需要一开始就提供所有特色，其实，最好也不要一开始就提供全部权益。这样，你可以在将来不断引进新特色权益。理想的做法是，突破企业和行业的局限，找到能纳入计划的资源，包括其他领域的专家、产品和服务等一些之前从没在行业内出现的内容。

一旦将主要规划的框架确定后，可考虑分三个等级：比如青铜、白银和黄金。然后考虑每个级别的会员会得到什么权益？收费多少？青铜会员要怎么做才能升级为白银会员和黄金会员？

　　对一些初生新工厂的思维者来说，定价可能是一个挑战。他们会被人人都想要更便宜的价格这一观念阻碍，害怕收费太高会吓跑客户。但那是不对的。这就是我们为什么要保留基础客户级别，客户仍然可以购买你具有竞争性价位的产品和服务。你并没有提高价格，只不过是给他们更高级别的选择，用更高的价格提供更多价值。当潜在客户选择会员计划时会产生意外惊喜，这验证了一个市场规则，即如果收费更高，有些客户想得到的愿望会更强烈。唯一的风险是，你不提供更高价格的会员计划。因为如果你不提供，别人会提供。

　　与潜在客户接触的时间最好是提供免费价值时，就是对他们进行估量的时候。随着时间的推移，你会越来越擅长分辨他们是潜在客户还是潜在会员。你不会在机会低的客户那里花同样多的时间，这样你才能把更多的时间和注意力放到机会更高的会员那里。

　　告诉潜在客户，高级项目不是针对所有人的，要让他们明确你不会把所有人都纳入项目，它对他们是专享的，而且难以加入。这会让他们更想要，而且加入后会觉得更加特殊。

　　把客户转化成会员还能产生更多高质量的推荐。为了提升自己的体验，会员们愿意让朋友和家人也成为会员。把别人带进圈子能验证他们成为会员的决定，而且能提升这一体验的价值。

会员项目不能免费，这一点很重要。免费会损坏该项目的感知价值，并且降低利润。在有些情况下，如果能在其他方面得到补偿，就可以免除会费，比如产品销售的提成。无论哪种方式，会员项目都必须要有明确的价值，例如500美元、10000美元或者100万美元。

你的会员项目还需要逐步升级流程。你需要引导会员以一定的方法完成这些步骤。流程能构成计划的框架，形成一种势头。会员觉得他们正在不断远离重大问题，朝着远大目标前进。理想的做法是用某种工具，比如积分卡和积点来将其进展具体化，奖励会员积分和奖品来认可阶段性的成绩，让这个过程有乐趣而且充满互动性。

要记住，并不是所有人都想成为你的会员，有些人不能理解你的大理念或不想付会员费，这也没问题，他们仍然能成为你的客户。但随着时间的推移，你会发现大量理想的群体，会员将不断增长，可能开始时速度比较慢，后面会越来越快。以我的情况为例，最开始的50个会员花费了我12个月的时间，之后1个月内就新签了30个会员。

你需要不断改进项目。开始是第一版，一个简单的会员权益组合。在时机合适时，增加更多特色，升级到第二版。如果你想的话，每个版本都可以提高价格。每次推出新版的时候，要通知你的会员和订户。以我的企业为例，目前我们的会员计划已经有了八个版本，现在正在研究第九版。

要记录好有多少会员参加了你的项目，然后告诉所有人目前的会员数。使用累计会员系统，这样会员数将永远不会减少。换一种说法就是，要记录你迄今拥有的会员总数，而不是某个时间点上的会员数。

当你的会员数达到一定程度，形成群聚效应时，这个项目就会自我维持，会员会带来新的会员，人们会开始谈论你的项目，并开始考虑是不是要加入。那时，世界上会有两个群体：你的项目会员和非会员。

行动计划

列出你能为会员提供的权益。将其他企业和行业的价值组成部分加进去。

决定会员能享有的权益。会员第一版：什么是会员能享有而非会员不能享有的权益。

列出现有的理想客户清单。让他们成为免费会员。通过他们对项目特色进行测试，并基于这些经验完善你的项目。

告诉潜在客户他们有两个选择：成为客户或者成为会员。如果他们对成为会员感兴趣，让他们通过一定的流程获得会员资格。

从对最初的一些会员收较低的费用开始，然后逐渐提高费用，直至达到或超出预期价格。

持续完善项目，不断改进和增加新权益。

让会员进入一站式商店

新工厂的最终收益是一站式商店。新工厂不仅是向客户售卖一两种商品，而是向会员销售多种商品。更棒的是，一站式商店里销售的大部分商品和服务是由其他企业生产和提供的，这为新工厂提供了低风险被动收益，并能阻止会员去该价值枢纽之外探索。

在一个获客难度高且销售成本高昂的市场环境下，一站式商店能让新工厂把会员的周期价值最大化。通过向每位客户销售多种产品和服务，新工厂能收回获客的前期成本，并获得更多收益。

这不是一个新理念。我的曾曾祖父蒂莫西·伊顿（Timothy Eaton）基于类似的理念在加拿大打造了一个百货商店的帝国。顾客无须去不同的商家，他们只要去一家商场——伊顿百货（Eatons）——就能购买到所有需要的东西。顾客享受这种便利，而且商场的退货保障让他们很有安全感。一旦开始信任伊顿百货，他们便觉得没必要去任何其他地方购物。

一个多世纪后，在一个非常不同的市场环境下，一站式商店的原则仍然适用。人们一旦信任并习惯了从一家企业采购，也就会愿意从该企业采购其他东西。这就是为什么苹果在扩展音乐业务时获得了成功。它现有的客户群体已经准备好、愿意且能够从苹果购买音乐。亚马逊从最初的业务——销售书籍——扩展到销售成千上万种其他产品时，也是同样的情况。

成立一站式商店的理念不仅好，而且非常有必要。即使你不这样做，新工厂型竞争对手也会抢先这么做。我的一名会员里奇·考埃特（Rich Caouette）创建了一家新工厂，名叫"此刻计划"。里奇的旧工厂为各大航空公司供应空气过滤器。他的新工厂是一站式在线商店，航空公司可以从这家商店的几百家供应商那里寻找各种难找的飞机部件。店里每有一笔交易，里奇都会有提成。现在，他的网站是其会员寻找任何零部件的首选之地。

关键是，如果里奇没有创建他的一站式商店，另外一家同行业的企业，甚至行业之外的企业也会创建它。在那种情况下，里奇的企业可能仅仅是别人一站式商店的供应商。他可能在为另一家新工厂贡献提成，而不是从成百上千的交易中获取被动收益。

通过这种方式你就变被动为主动，你不需要发明新产品和新服务，而只需要帮会员把它们汇总起来。这世界充满了资源，需要做的只是通过一定形式把它们汇总并包装起来，让你的会员们能轻易看到并购买它们。

虽然这个概念在理论上很简单，但是很多企业受累于旧工厂思维，很难接受一站式商店的想法。它们对公司的自身形象设定基于传统的产品和服务，它们无法想象销售其他企业或其他行业的产品，也无法想象销售竞争对手的产品，因为这完全不符合它们的世界观。

几个月前，我在得克萨斯州的一次金融服务研讨会上做演讲。在我做完有关新工厂的演讲后，来自各大银行的专家小组讨论了金融服务行业的前景。几名专家表达了对苹果、谷歌或亚马逊可能入侵他们所在行业的担忧。当时我站起来说："你们最好开始担忧这一点，因为这是不可避免的。这些企业在他们一站式商店里增加金融服务简直易如反掌。"

拥有众多会员让你的一站式商店在供应商面前占据上风。拥有音乐、电影和客户端的企业愿意为每笔交易向苹果交纳30%的佣金，因为苹果拥有它们所没有的——会员权益。

一旦一站式商店开始有交易，你对传统产品一根筋式的关注便会逐渐减弱。当你获得了低风险被动收入，高风险的主动性收入的吸引力就会下降。最近，我通过自己的一站式商店达成了一笔交易。我把一名会员推荐给了一家广告设计企业，她为这家企业提供了价值130000美元的服务，并向我支付了1300美元。这项交易只花了我大概5分钟的时间，折合时薪15600美元！

谨记价值核心模式的新工厂思维者把自己的企业当作汇集会员和供应商的中央站。它们不操心销售什么产品和服务——只是把买家和卖家聚集起来。这种模式被成千上万个新工厂采用，例如优步和爱彼迎，它们是纯粹的新工厂，因为之前它们没有旧工厂前身。

要记住，你的一站式商店不需要千百万种商品。你可以有10种或者50种，视客户的需求而定。你只需要研究会员已经买了什么，会买什么，然后决定把产品和服务放到店里是否合理即可。你提供的价值有两个方面：其一，评估每家供应商的资质和可靠度，因此你的会员不需要做这一步；其二，通过把这些之前四处分散的资源整合到一起，为会员节省时间、金钱和精力。

为了促进一站式商店的交易，你有两种选择。比较冒险的方式是自己收款后再支付给供应商。这样做有风险是因为采购者会把你当作交易负责方，如果出了什么问题，他们会联系你要求退款，你则需要从供应商那里扣钱。更好的做法是让会员和供应商直接进行初级交易，然后由供应商向你支付佣金。如果交易出现状况，也牵扯不到你；如果供应商不支付佣金，你也不需要自己承担费用。我就是以这种方式运营一站式商店，并且运作得很完美。我只需要将买家和卖家汇集到一起，然后负责收佣金。

要记住，在供应商那里你完全占主动地位，因为你拥有众多会员，而供应商想要接触到他们。正因如此，你能够决定合作条款。每笔交易你可以要求10%、20%甚至30%的佣金。不管条款有多么苛刻，供应商都可能接受，因为他们知道你永远都能找到另一家供应商替代他们。因此，他们可能对条件毫不介意，因为你为他们做了所有的营销工作，他们只需要提供产品。不管怎样，这对他们来说也很合算。这就是为什么一站式商店对所有参与方都是多赢。你获得高额被动收益，供应商得到用其他方式不能得到的客户，而客户得到在一个地方购买多种商品的便利和高效率的平台。

创办一站式商店会大幅提升会员从你这里获得的价值，让你能天衣无缝地嵌入之前超越旧工厂图景的其他性能。我的一个会员在哥伦比亚经营一家安保公司。这是一个已经沦为普通商品的低利润、高营业额的行业，很多竞争对手提供基本相同的服务。所以，他开创了一个大理念，叫作"综合性安保计划"来帮助会员开发一个公司范围的整体安保计划，解决员工偷盗、恐怖主义和网络犯罪等主要问题。最开始，他对提供这些服务小心翼翼，因为他觉得这超出了公司的专业范围。为了帮他启动一站式商店，我把他介绍给了我的另外一个会员——网络犯罪领域的一家专业公司。现在通过这家公司的业务，安保公司每年能得到数千美元的收入。

创建一站式商店还能帮你摆脱旧工厂思维者自毁式竞争态势。在很多情况下，新工厂思维者把竞争对手的产品和服务也加入一站式商店。为什么不呢？没有什么比销售竞争对手的产品为自己赚钱的感觉更好了，尤其是你在交易中的获利比他们还多的时候。如果你的思想基于这种观点，你就会成为一个不容置疑的新工厂思维者。

在实施这一策略的时候有非常重要的一点需要考虑到：不要随意收集供应商。可能你浪费时间增加的供应商，其产品和服务并不是会员想要的。相反，要与客户和会员沟通，找出他们想要什么，当一种需求显现出来后，找到一家供应商，把他的产品加入你的商店即可。让你的商店在会员需求的基础上实现有机增长。

有可能你已经有一站式商店。当然，你有自己的产品和服务，可能已经在把客户推荐给其他供应商，今后，在报酬方面要和这些供应商建立更正式的合作关系。

还要注意的是，你不一定需要一个作为一站式商店载体的网站。如果你销售的是实物商品，如飞机零件，这可能是必需的，但你的企业可以有不同形式。例如，如果你是财务顾问，把客户推荐给供应商的时候可能只要给他们电话号码或者通过面对面介绍就可以。网站不是必需的。另外一个提醒是，新工厂不需要靠技术驱动，你可以依靠电话、一支笔和一叠纸来经营新工厂。新工厂模式在世界范围内通用，无须依赖瞬息万变的技术。

行动计划

把自己公司的产品和服务列一个清单。再列一个客户从其他企业和行业购买的产品和服务的清单。告诉会员他们能够获得这些额外的产品和服务。

当有需求的时候寻找新供应商。认真审核，确保提供高品质商品。

跟这些供应商正式约定相关报酬。（注意，在有些情况下，你推荐供应商时可能不想要佣金，只是想为一站式商店提供一个会员福利。）

第三章

新工厂价值创造

更少资源

在旧工厂时代，赚钱的最佳方式是让客户消费更多资源：汽车、石油、电、电器、衣服、食品、宠物石等。你的客户消费越多，你赚的钱越多。在新工厂时代，赚钱的方式是帮你的客户使用较少的资源[①]达成更好的结果。

想一下共享经济。我家附近有一个工具博物馆。每年只需要交50美元会员费用，你就可以借到超过3000件工具，例如铁锤、锯子和梯子。如果你想在起居室的墙上打3个洞，你不需要去五金店花85美元买一个电钻，你可以从工具博物馆借到电钻，免费。

想一下智能恒温控制器。它们会学习你的生活习惯，优化你的能源消耗情况，让你保持冬暖夏凉的舒适体感，同时让你花费的钱变少。智能恒温控制器属于更加整体式的家居自动化系统，使你能够控制照明、安保系统和电器，然而这

---

① 这里的资源意味着时间、精力、能源、原材料和资金。

一切依然会帮你节省时间和能源。

想一下位智（Waze）。其他导航系统只能简单地标记路线并提供基本的交通报告，位智是一款免费的协调型导航系统，能够接进会员的共享知识。位智可以通过收集当前在路上的每名会员的信息来监测交通状况。如果另一名位智的会员堵在路上，系统会建议你走另一条路线。随着位智这样的网络的不断扩张，有用信息的数量也在增加，从而帮助会员找出更高效的路线，节省更多时间和能源。

共享经济、智能系统和协调型网络只是未来数十年推动新工厂市场的三个工具。随着经济完全过渡至新工厂时代，消费者将能够使用更少资源，在生活的方方面面省下越来越多的时间、金钱和精力。这种转变的一个绝佳的例子就是音乐行业。以前，如果想购买一首歌，你需要消耗大量资源。你开车来到一家店，只是购买一张黑胶唱片。然后你开车回家，将唱片放到唱机转盘上。歌曲听过几遍之后，你将唱片放在架子上，它便成了你众多收藏品中的一个。在这个过程中，消耗了大量资源。如果加上造车、生产唱片并运送到店里、经营店铺和制造黑胶唱片机所需要的资源，那就更多了。感受一下整体图景，每首歌所消耗的资源已经能够堆到天花板那么多了。

在新工厂市场中，听一首歌需要的资源少很多。你可以上网，通过苹果音乐之类的流媒体服务选择一首歌或专辑，每个月支付一点钱，便可以无限制订购。有几千万首歌可供选择。你不必离开家，只需要几秒钟时间就能做到，每首歌所花费的资源极少。

诚然，当旧工厂音乐行业变得过时，很多人丢掉了工作。这些变化的牺牲者包括生产唱片的人、在店里上班的人、建造了商店和制造出黑胶唱片机的人。唱片艺术家也抱怨他们每首歌赚的钱变少了，但是消费者很开心，因为他们用更少的时间、金钱和精力得到了更好的结果。

通过使用较少资源来省钱的动力是推动新工厂市场出现的关键因素之一。随着电脑处理速度越来越快，越来越智能，并且将越来越多的人、事、物连接到互联网，在我们生活的方方面面，花费更少得到更多成为可能。因此，越来越多的事物变得更好，同时资源密集度下降了，价格也更便宜了。杰里米·里夫金（Jeremy Rifkin）在他的书《零边际成本社会》（*The Zero Marginal Cost Society*）中声称，大部分传统（旧工厂）产品和服务将近乎免费：

随着越来越多的商品和服务变成近乎免费，市场中的购买行为减少，GDP因此降低。那些依然在被购买的物品数量也在减少，因为越来越多的人在共享经济中重新分配和回收利用之前所购买的商品。越来越多的消费者也在选择不拥有商品，而是只为有限的几次使用汽车、玩具、工具或其他物品而付费。

随着旧工厂的产品和服务面临价格下行，甚至接近零利润率的压力，问题依然是，公司在这种环境中如何生存下去？为什么公司要继续免费提供产品？原因是什么？以后该如何做？当然，答案你已经知道了。新工厂将免费赠送传统的产品和服务，吸引潜在客户加入他们的会员计划。

要成为新工厂思维者，你需要摒弃"能源密集型心态"。通过帮助你的客户用更少的资源获得更好的结果来创造新型价值。问问你自己：我们该如何帮助他们节省时间？我们该如何帮助他们节省能源和精力？我们该如何帮助他们使用更少的原材料？

很多旧工厂思维者不喜欢这个原则。他们认为，如果客户使用了更少的资源，他们赚到的钱就变少了。这就是为什么银行希望客户尽可能多地使用信用卡；电气公司希望他们的客户使用更多能源；食品服务行业希望他们的客户吃掉更多的快餐。但这就是问题所在。旧工厂的意图和动力与他们客户的最佳利益相左。当然它们会否认这一点，但这难道不是真的吗？银行会希望客户少用信用卡吗？当然不会。公用电气公司会希望客户减少用电吗？不可能。快餐行业会主张大众少吃汉堡和薯条吗？别傻了。旧工厂希望他们的客户尽可能多消费，因为这是他们的盈利方式。

我们暂时不考虑这个问题的道德和伦理影响。我不是让你成为一名"圣人"，告诉客户少用你的产品。我还是希望你多赚钱。我只是想说，多多消费的方法不再是好生意了。你的客户现在拥有更多选择。新工厂每天都在涌现，给客户提供各种新颖的方式，来使用更少的钱、更少的时间和更少的精力达成更好的结果。所以选择在你手里：你可以成为这些新工厂的其中一员，或者把机会让给竞争对手。

旧工厂正在走向死亡，因为他们的目标与客户的目标不一致。他们致力于通过在经营中使用更少资源（更少的人力、开销和投入成本）来提高盈利能力，同时鼓励客户消费更多资源。但新工厂在蚕食旧工厂，因为新工厂的目标与其客户的目标一致。新工厂不仅自己使用更少的资源，他们还试图帮助客户使用更少资源。换言之，新工厂与他们的客户站在同一阵营，而旧工厂不是。

旧工厂文化的基本假设是消费越多，快乐越多。流水线一直运转意味着经济增长和工作机会。消费得更多是人们对社会的贡献方式。在新工厂市场中，一种新的成功等式出现了：使用更少资源，实现更多福祉。基于新志向的新型世界观已产生，并且相应的激励和能力也已经匹配到位。这些新志向包括：少浪费能源、少浪费时间、更简单地做成事情、在商品上花更少的钱、更健康、更满意、更有安全感、更有成就感、更有连接感。

不幸的是，很多旧工厂思维者失去了这个机会。最近我遇到了一位从事铁路行业的年轻企业家。他公司的业务是维护机动有轨车。他的业务模式很简单：按照维护机动有轨车的小时数收费。我建议他建一家新工厂，用不同的方式赚钱。按照结果收费，而不是按时收费。他告诉我，一个独立的研究结论显示，如果铁路公司能够提前对所有机动有轨车维护，会因为减少故障时间和事故而节省数百万美元。我问他，他的客户一般会省多少钱。他说一年可以轻松省下5000万美元。我说："如果你能把他们的成本削减5000万美元，他们难道不愿意为此付给你1000万美元吗？"他的按时服务费与其被客户当作支出，还不如他按成果收费，这样还会被视为替客户节省了成本。但他没有看到这个机会。他的旧工厂思维固定在：我们靠维护机动有轨车赚钱，按时收取费用。实际上，他对我的建议感到生气，就好像我侮辱了他的旧工厂。太糟糕了，我只是在想法子让他通过帮助客户节省5000万美元，而赚取1000万美元。

在新工厂市场中，你不是通过让客户增加消费而赚钱，而是通过帮助客户减少消费而赚钱。当你理解了这条原则，你就具备了成为新工厂思维者的基础。

资源利用率低下

我猜你也许有一套沙发。你使用的频率有多高？估计最多只占你一天10%的时间。其余时间里，沙发就空在那里，等你坐上去看一部电影。但你能不能将这套沙发剩余90%的闲置时间转化成你和其他人的价值？一家名叫"沙发客"（CouchSurfing）的新工厂就是这么做的。这是一个平台，会员可以与旅行者共享他们的沙发。虽然拥有沙发的人不赚钱——沙发是免费提供的——但双方从交换中获得了社交价值。大部分参与者都说，"沙发客"帮他们结识了来自不同国家和文化的新朋友。2014年8月，该公司报告称其社区已拥有超过1000万人。

"沙发客"的故事描绘了新工厂思维者提供价值的另一种方法：让他们的会员能够尽可能利用利用率低下的资源。对此，他们有两种方法提供价值：向会员提供他人闲置的资源；出售或共享他们自己的闲置资源。

环顾四周，新工厂市场正因为这种价值创造而爆炸式发展。优步帮助司机将私家车变成赚钱的工具，这让传统出租车司机十分气愤；爱彼迎让会员能够入住其资源搭档的住所而省下住酒店的钱；共享地球（Shared Earth）这一组织将都市农民与拥有空地的房主进行匹配，然后将空地变成菜园；流动空间（Liquid Space）则是一个在线平台，会员可以按小时出租办公室里空闲的会议室；我本人则是国际换屋旅行网站（Home For Exchange）的拥趸。在过去几年里，我和我的妻子与该网站的其他会员交换了居所和农舍。我们最近在德国进行了一次这样的交换：一户德国家庭住在我们的房子里，而我和妻子则住在他们的房子里。两家都度过了十分愉快的假期，并且没有花一分钱住宿费。

　　这些新工厂吸引了数百万会员和数百万供应商，因为他们的价值主张对每个人来说都能实现双赢。也就是说，在本来是一笔费用而不是利润中心的一件事情上，一方节省了钱，另一方则赚到了钱。

　　这种新工厂概念所固有的经济激励将对我们的经济和社会产生深刻的影响。我将在下一节进行更详细的讨论，使用权将取代所有权成为使用资源的主要方式。比如，你拥有一辆大部分时候都在闲置的汽车，但你所有的时间都在承担费用，这种情况在未来会变得十分荒唐可笑。与此相对的是，拥有汽车的人认为按小时出租这件事稀松平常，没有车的人可以在任何时间有车可用。与其他人共享你的房子和办公室将成为标准做法，把衣物、玩具和工具拿出来交易也将成为常态。

当然，资源的定义是开放的。资源可以是一个事物或一项服务，也可以是能源、知识和创意。随着新型能源技术以指数级的速度发展，可以寻找之前未被充分利用的可再生能源，例如太阳能、风能和地热能。新型互联网平台使得专家同行群体集思广益，解决世界上的重大难题。每一步都会有新的想法产生，之前未被充分利用或完全没被利用的资源得以充分开发。

这非常令人兴奋。如果你找到了合适的创意，你可能赚到数十亿美元。我说的不是数百万美元，是数十亿美元。想想脸书，它所提供的核心价值是什么？它帮助人们更好地利用之前没被充分利用的资源：友情。它帮助会员与老朋友重新取得联系并结交新朋友。易贝（eBay）呢？它给人们提供了一个市场，用来出售原本堆在地下室里的东西。谷歌呢？它让人们能够获取网络上之前被隐藏的知识。无论是何种情况，这些企业都使用了新工厂价值创造策略。你猜怎么样？它们的创始人都成了亿万富翁。

旧工厂思维者自身就是未被充分利用的资源。他们被困在旧工厂里，试图卖掉商品和服务，但并未充分使用所有的技能、知识和创造力。他们仅仅发挥了自己很小一部分潜力。

不要成为这样的人。使用新工厂思维帮助其他人解决他们的难题吧，完成他们的远大目标。你会因此发挥百分之百的潜力，并在过程中赚到很多钱。那么，该如何帮助人们优化之前未被充分利用的资源呢？

亲密无间

寂寞与孤独是当今社会面临的一大问题。罗伯特·D.帕特南（Robert D.Putnam）在他的《独自打保龄》（*Bowling Alone*）一书中解释说，美国人，或者可以延伸至西方世界的所有人，彼此之间愈发缺乏联结，与家人、朋友和同胞之间均是如此。

一系列的因素共同导致了这个问题的日益恶化。在旧工厂时代，大众市场、自上而下的文化带来的是固定的共同体验。例如，我们在同一时间收看电视节目，在同一个无线电台收听音乐。在这种文化里的所有人几乎都是同步的。但在新工厂时代，我们变得不同步了。无论什么时间，我们都可以通过诸如网飞这样的流媒体服务选择电视节目。我们可以一边走在街头，一边通过耳机收听我们的个人音乐播放列表。我们自成一方小世界。

讽刺的是，科技曾经信誓旦旦让我们彼此联结，现在反而让我们感到孤独。脸书和推特之类的社交媒体让我们产生了虚假的联结感。短消息取代了电话。盯着手机屏幕成为在公共场所甚至私人场景中的标准行为方式。我曾看到过令人胆战心惊的一幕：一位年轻的母亲推着一辆婴儿车，两岁的幼儿被平板电脑中的游戏吸引，而母亲在一旁用手机听音乐。

寂寞与孤独的感觉仿佛房间里的数字大象。每个人都能感觉到，但没人想谈。但这个大问题为你创造新工厂价值带来了绝佳的机会。让人们产生有意义的联结，你会赚很多钱。（注意，我是个企业家，所以我总是在寻求赚更多钱的方法。如果你是出于其他原因而想做这件事，比如创造社会价值，那太棒了，去做吧。但如果能一边赚钱一边提供社会价值，两全其美岂不是更好。）

新工厂思维者有三种方式可以让人们产生联结。第一，让会员之间产生联结；第二，让供应商之间产生联结；第三，让会员与供应商之间产生联结。

在旧工厂模式下，客户彼此互不相识。公司与每名客户建立关系，但整体而言，客户之间并没有建立关系。但是在新工厂模式下，公司可以有意将会员整合成一个团体。会员将加入该团体视为他们从新工厂获得的最重要的好处。在某些情况下，这会是他们选择成为会员最主要的原因。当然，对社交网络来说这是很明显的，但非技术公司同样适用。想想哈雷·戴维森（Harley Davidson）吧。他们的客户可以加入哈雷车主会（Harley Owners Group），参加当地分会，并参与会员活动。他们还可以与其他哈雷车主一起报名参加周末骑行。参加这些哈雷车主会活动大受欢迎。实际上，对大部分哈雷车主来说，这只是体验的一部分。

成立哈雷车主会这样的会员团体对于新工厂而言好处多多。第一，你可以通过收取会员费来获得收入。第二，可能更重要的一点是，你的公司可以因此更有稳定性和凝聚力。因为你的会员彼此之间建立起关系，他们就不太可能去你的竞争对手那里。如果他们这么做了，他们不仅要隔断与你的联系，还要隔断与其他会员的联系。这非常困难并且可能性极小。他们有可能并不喜欢你的公司，但依然没有离开，因为他们享受与其他会员之间的关系。我在使用脸书时经常有这样的感觉。我偶尔会想要取消订购脸书，但我不想与脸书上的好友切断联系。

打造会员团体还能帮你获得更多推荐。当你的会员自觉是团体的一部分时，他们更有可能鼓励非会员的朋友加入。你的会员有动力为团体的"网络效应"① 做贡献。这样，为

---

① 网络的价值随着越来越多的会员的加入而日益提升。

了提高从网络中获得的价值，他们有动力让更多的人加入你的网络。

将供应商汇集到一起可以为新工厂提供额外的好处。就我来说，我成立了一个供应商网络，称为"10%推荐俱乐部"。多年来，我将会员介绍给大量的供应商。我与供应商谈判，他们因为我的推荐而获得的任何收入都要给我10%的佣金。当然，我从他们那里获得的推荐所产生的任何收入，我也会给予他们其中的10%。

反响是快速的、正面的。供应商能够看到加入网络的价值。他们能够从团体中赚钱，同时也感到不那么寂寞和孤独。作为新工厂团体组织者，我收获了最大的好处。我的公司获得了更高的知名度，并因为成立这一团体而获得了很多品行积分。更重要的是，这大大增加了供应商对我的事业的参与度，并给我的公司带来了更多的推荐客户。更好的是，由于越来越多的会员加入了"10%推荐俱乐部"，网络效应开始产生，每天带来的会员越来越多，推荐也越来越多。

让会员和供应商产生联结是新工厂作为价值枢纽的首要功能。新工厂不是在流水线上生产一个产品或提供一种服务，而是作为一个枢纽，在供应商和会员之间输送价值。作为价值枢纽，公司处于中心位置。它控制着网络和平台，决定着枢纽的结构和正常运行。它还从流经枢纽的每次交易收入中获得一部分。这就是优步、爱彼迎、易贝、阿里巴巴和亚马逊等新工厂所玩的游戏。

一旦抓住了联结人群的财务潜力，你就能不断扩大会员和供应商网络的规模。为利用网络效应，你会将会员和供应商联结在一起。在某个时刻，你的网络将会产生群聚效应并能够自我维持下去。

再次环顾周围。问自己一个问题：为什么脸书和亚马逊这样的平台价值数十亿元？是因为它们作为一个App或网站所固有的价值吗？不，是因为它们拥有数百万计的会员和供应商，并且在同一个网络中彼此联结。它们之后还会因为网络效应而吸引更多的会员和供应商。这也是为什么投资者给予这些平台如此高的估值。投资者知道，新工厂有无数种方法可以从它们的网络团体中赚更多钱。

如果你对此有兴趣，现在就开始吧。这是个赢家通吃的游戏。谁从一开始抓住了机会，就会从网络效应中获益，让落后者望尘莫及。如果在原地等待，你的竞争对手（无论你是否认识他们）则会组成这样的团体，然后你不会成为聚会的主人，而是变成聚会的旁观者并被请出大门。

这也是为什么新工厂思维流程的第一步是专攻一类客

户。你的客户类型越特别，那些人越有可能聚集到你的平台上。例如，如果你为70岁以上的跳伞运动员打造一家新工厂，那些人就会被你的网络吸引。但如果你选择另一个新工厂已经占据的客户类型，那些人则不太可能跳到你的网络中来。所以不要与一个成熟的平台正面交锋，没有用的，要有原创。找一个独一无二的客户类型——现有的新工厂没有接触过的。

科技与现代生活将我们所有人关进了自己的一方小天地。在小说家爱德华·摩根·福斯特（Edward Morgan Forster）写的一部短篇科幻小说《大机器停止》（*The Machine Stops*）中，作者描绘了一幅暗淡的未来图景，所有人都居住在自己的私人房间里，仅通过机器与其他人类进行交流。这个彼此隔离的世界中的人们终日无精打采、活在自己的世界里，显得异常可悲，因为他们必须依赖机器才能与他人联结。故事情节随着一个年轻人的冒险而展开，这个年轻人渴望与其他人类重新产生联结，意图摆脱对机器的依赖。我认为，我们已经越来越接近那幅图景。虽然科技以多种方式给予我们诸多好处，但也从根本上把我们分开了。

这也是为什么帮助人们彼此联结对新工厂思维者来说是绝佳的机会。通过提供重要的情绪价值，也就是与其他人联结的意愿，新工厂可以做富有意义的事情，同时创造高利润收入。

最后强调一点，作为团体的组织者，你要决定谁能获得你的网络会员资格。你可以制定规则、参数和会员资格。换言之，你没必要让所有人加入你的网络中，关注质量而不是数量。有侧重之处，会让你的网络吸引到你真正想要的人。

整合

专家在研究与"9·11"事件相关的安全故障时得出结论，碎片化是很大的错误之一。美国中央情报局（CIA）、美国联邦调查局（FBI）和美国联邦航空管理局（FAA）并没有联合行动。因此，本可能阻止袭击发生的关键信息从裂缝中滑落。这一结论的得出导致了美国国土安全部（DHS）的诞生，其目的是协调不同安全机关的工作。

这种碎片化是旧工厂思维的常见结果。每家旧工厂只关注他们的专业领域，往往忽视了其他部分，默认其他人会处理。这在每个旧工厂行业都是常见的问题，比如金融服务、保险、制造、零售、房地产、分销、消费者产品和信息科技。

我在波士顿为麻省理工学院的全球企业家项目做了一场演讲之后遇到了胡里奥·米兰（Julio Milano）。胡里奥在哥伦比亚经营着一家旧工厂，业务是向拉丁美洲的公司和企业出售安保服务。在听完我的演讲后，胡里奥想要打造一家新工厂，向他的客户提供更多一体化解决方案。

在我们关于大理念包装的研讨会上，胡里奥和我打造了一个项目，叫"汇聚安全解决方案"。在基础安保服务以外，胡里奥还会给客户提供两种形式的价值。他会先帮助客户打造一个蓝图，将所有的安全问题整合到一个系统中。这些碎片式的安全隐患包括网络犯罪、反恐、员工盗窃、个人安全和数据收集与分析。蓝图制定完成以后，胡里奥会将他的会员联结至他的安全专家网络。

就像很多刚在复苏中的旧工厂思维者一样，胡里奥刚开始并不相信他的公司能够成为一个整合者，他不认为自己的公司具备提供额外服务的专业能力。但当他掌握了新工厂的虚拟结构和价值枢纽的概念后，他就领悟到该如何工作了。他只需要汇聚外部专家，让专家来做就可以了。为了助他一臂之力，我将他介绍给我另一个会员——一名网络犯罪顾问。她是该领域世界领先的专家之一，"五角大楼"也是她的客户。未来，胡里奥只要将她的公司介绍给自己的会员，让他们自行成事即可，然后他可以收取10%的推荐费。

你可能会问：胡里奥为什么要绕弯路，而不直接雇一家网络安全公司呢？有几点原因：首先，胡里奥通过担任策划人的角色，会预先筛选每家供应商的质量，这为会员节省了时间和精力，提升了他们的信心，相信自己有个好的供应商。其次，因为胡里奥从"汇聚安全解决方案"开始，所以每家供应商的工作都与其他供应商的活动相协调。这使得安全系统更有内聚力，并且将所有供应商的信息同步，会员因此从中获益。

弗·卡普拉（Fritjof Capra）在他的代表作《转折点》（*The Turning Point*）中描绘了西方思想如何变得碎片化。在18世纪，牛顿和笛卡尔都曾将宇宙想象成由各种零部件组成的一架机器。他们设想，只要分析单独的部分，则宇宙中的一切都可以得到解释。这种思维方式，即机械世界观，成为旧工厂思维的底层操作系统。采用这种核心范式的目的是抓住机器的某个部分，使之成为你的专长。这么做的特定优势是可以提高效率和专注力，但也有巨大的瑕疵：思维碎片化，无法看到完整的图景。

卡普拉鼓励他的读者参与"系统"思维。系统思维者不止盯住某个部分，还会考虑更大的系统以及系统中的所有部分如何共同运作。过去150年的科学进步（如进化论和量子物理）使得这种系统思维在科学和人文领域崭露头角。而现在这种思维则开始进入商业世界，新工厂的崛起取决于价值整合。

在另一本有趣的书《我们如何走到今天》（*How We Got*

to Now）中，作者史蒂文·约翰逊（Steven Johnson）解释了很多伟大发明被偶然地造就出来，例如玻璃、冰箱、电灯和氯化饮用水。他的假设是，之前单独的部件于同一时间在一个单一的连接点汇集，从而整合成为有用的发明。例如，他展示了约翰·古腾堡（Johannes Gutenberg）的印刷机如何与玻璃吹制术相结合，从而引起一系列其他的意外发明。当书籍变得司空见惯，越来越多的人发现自己视力变差了，这又促进了眼镜的大规模生产。眼镜的商业化促进了光学的进步，而光学的进步又促进了显微镜和望远镜的发展。显微镜又催生了疾病的微生物理论，这是现代医学的基石。望远镜进一步证实了日心说，并推动了现代太空探索的步伐。

约翰逊的书中这些令人着迷的案例指向了一个根本原理。每个创新的发明者都是整合者。他们并不是从零开始发明，而是将之前互相分离的不同事物放到一起，电灯、冰箱、汽车、飞机和电话的发明都是如此。

我的妻子杰妮（Ginny）是一名深度整合爱好者。作为一名家庭医生，她从事个人和团体的精神疗法已经超过20年。在此期间，她将格式塔疗法（Gestalt therapy）、认知行为治疗法（CBT）和正念减压疗法（MBSR）的要素结合起来，形成了自己的一套模型，称为"正念情绪法"（The Mindful

Mood Method）。在追求实用的路上，杰妮不断探索精神疗法的不同领域，寻找是否存在一些方法，能够整合到她不断演进的模型中。她当前探寻的是使用这种整合式的方法不断改善病人的治疗效果。

你也可以做一个整合者。你可以帮助你的客户统一和协调他们的思想和行动。统一思想可以减轻他们的压力并给予他们清晰的思路。他们的行为会更加高效，困难程度也会降低，他们的生活会更有条理并且更幸福。马克·兰德斯（Mark Landers）是一名财务顾问，他想出了一个好点子，即"简单计划项目"。他帮助会员将他们的个人生活和财务生活放到一个简单有效的系统中。他鼓励会员将自己的整个生命视为一个整合系统。他告诉他们，每个部分都会影响其他部分。地下室一团糟可能意味着他们的投资也是一团糟。没有保险可能导致压力、健康问题和婚姻破裂。混乱的日程可能导致交通事故和药品滥用。与胡里奥一样，马克通过担任整合者的角色提供了新工厂价值。

一旦你成为整合者，你会意识到一次次的整合将接踵而至。《万物理论》（*A Theory of Everything*）的作者肯·威尔伯（Ken Wilber）使用"嵌套"一词来解释这一概念。他认为，每个等级的整合内部都嵌套着更高等级的整合。威尔伯的主要工作内容是关于个人发展和知觉，但这也同样适用于市场中的新工厂思维。拥抱最高等级的整合思维的个人和组织将成为整合思维程度较低者的监工。我之后会讨论到，他们将成为阿尔法网络，而贝塔网络将嵌套其中。苹果、谷歌、脸书和亚马逊之类的公司都在玩这样的游戏。每家公司都在争夺位置，看谁能创造出最占主导地位的阿尔法网络。这也是为什么他们不断吸纳规模较小的网络，他们正竞相打造地球上最卓越的整合网络。

这个原则其实很实用，更具整合性的解决方案更好，它们更快、更便宜，也更易于使用。他们能够超越整合度没那么高的竞争对手。要玩这个游戏，就要使用新工厂思维流程。问一个问题：我们在试图帮谁？我们可以帮他们达成什么远大目标？阻碍他们达成这个目标的关键问题是什么？该如何将碎片拼凑到一起，从而给出整合式解决方案。

为优化这一策略，你需要抛弃地盘直觉，并质疑你的利己主义的想法。为完成一项共同的事业，你可以考虑与竞争对手甚至敌人合作。跳出你的行业领域，去接触你从未涉足的领域，你可以进入让你感到害怕和威胁的竞技场。最重要的是，往后退一步，去看事情的全貌，然后将所有必要的零部件整合起来，为你的会员提供价值。

客观性

在电影《34街奇缘》（*Miracle on 34th Street*）中，圣诞老人丢掉了在梅西百货（Macy's）的工作，因为他建议顾客去街对面的金贝尔百货（Gimbels）购买溜冰鞋，那里价格更便宜。刚开始，老板威胁要把他开除，但之后他们意识到，因为正面的广告效应，圣诞老人的客观建议带来了更多成交量。更多购物者涌入梅西百货，因为他们认为梅西百货比较诚实客观。

你不是圣诞老人，但你也可以因为客观性而获益。如果你将公司定位成一个诚实的经纪人，把客户的需求放在首位，那么你可能会从竞争中脱颖而出。那是因为大部分旧工厂思维者没有给客户提供客观性，他们只想让客户买自己的产品。他们不想客户去他处购物，所以经常隐瞒或不主动告知对客户最有利的竞争性信息。

另外，新工厂思维者将为会员提供客观性作为一项策略。他们帮助客户寻找可能最好的资源，即使解决方案来自他们的竞争者。这种策略看似反直觉，但这帮新工厂思维者赚到了更多的钱。

举个例子，鲍勃之前经营着一家销售人寿保险的旧工厂。但是他很难获得更多的潜在客户。人们都觉得鲍勃只是一个试图推销保单从而赚取大笔佣金的保险推销员，很多人不信任他。

为了解决这个问题，鲍勃创立了一家新工厂，称为"客观审计"。他告诉潜在客户，他会检视客户已有的保单，给予他们一个客观意见：是应该留着这张保单还是买一张新的。这项服务的价格为1500美元。

人寿保险行业的旧工厂思维者觉得鲍勃疯了："没有人会花1500美元购买一项服务，而该服务可以从任何一个人寿保险代理那里免费获得！"他们嘲笑道。

但鲍勃并没有被吓倒。他告诉他们："客户的确可以从任何一个人寿保险代理那里获得免费的建议，但无法免费获得客观建议。客户知道大部分人寿保险代理会建议他们买一份新的保单，因为这就是代理赚钱的方式。但如果客户支付给我1500美元，他们会相信我所说的是诚实的真相，因为他们花了钱。"

在10年的时间里，成千上万名的客户支付给鲍勃1500美元，以获取他的客观检视服务。他们有信心鲍勃会给出最佳建议，而不是披着建议外衣的销售宣传。有意思的是，当他建议客户买一张新保单时，90%的客户会从他那里买，即使他们其实在哪里都能买到。

尽管鲍勃的故事告诉我们，提供客观性建议有可能带来收入，但旧工厂思维者依然很难接纳这个概念。他们过于习惯推销产品，与竞争对手对抗，以致他们看不到客户的最佳利益。这种以自我为中心的做法让他们错失了更大的机会。如果他们能够成为所有可能资源和解决方案的途径，那他们可能会吸引更多的潜在客户并将其转化成自己的会员。这样他们就会有远大于现在的潜在客户数量——无论是自己的产品还是其他公司提供的产品。

通过客观性创造价值有几种策略。第一，主动向你的会员展示所有可取得的资源，无论来自你的公司还是其他公司；第二，成立一个单独的部门，来提供培训和咨询，经营这个新的部门时要与你的传统产品和服务保持一定距离；第三，与其他公司甚至是你的竞争对手发展供应商关系。在可能的情况下，商谈一个中间人报酬。（注意，透明度在此情况下很重要，要向你的会员坦白你从推荐中收取了报酬）

有时候，即使在客户求着要为此付费，旧工厂思维者也联想不到客观性的价值。1998年，我们的房东询问我和妻子是否要把租的房子买下来。这听起来是个不错的建议，但我们决定看看其他房子再最终做决定。我们问一个房地产经纪人，是否可以支付给她1500美元，让她带我们看看附近在售的其他房子。我们不想误导她，或者占用她的时间却不付钱，因为我们当时觉得自己有可能会买下我们所租的那套房子。但她坚持不要我们的钱，她说那不是她的行事作风。

在看完了在售的10套房子以后，我们告诉她，我们决定买下现在所住的房子。她很不安，因为她为此花费了20个小时，却没完成任何业绩。我们提醒说，我们愿意为她的时间付费，但她还是想不通，她只想卖一套房子给我们，她没能看到自己的建议也有机会为自己带来收入。

现在，由于很多传统产品和服务变成了低利润率的商品，并且销售佣金也在相应下滑，很多公司都开始提供客观建议并收取费用。在房地产领域，一些经纪人免收佣金，代之以固定费用。在金融服务中，基于费用的金融计划变得越发流行，很多财险和灾害险经纪人提供综合的风险管理服务，以收取费用。

咨询和培训的利润更加丰厚，因为报酬是基于业绩，而非时间和精力。例如，如果你所提供的客观建议能够帮助一个人或公司节省或赚取100万美元，那么即使他们给你30万美元或更多钱作为报酬也并不牵强。此外，他们不关心你花了多长时间来达成这个结果。哪怕你只花了1小时，他们还是会付给你30万美元。毕竟，你的客观建议让他们的口袋里多了70万美元。

就这一点而言，有一项策略十分有效。告诉你的潜在客户他们拥有一个选择：购买你的传统产品或服务，或者登记成为会员，加入你的收费咨询项目。对于费用，你可以就使用的策略和资源给他们提供客观建议，并告诉他们，要加入你的项目并不需要放弃现有的供应商或顾问。事实上，他们还可以邀请现有的供应商加入进来。

这就像你在说：我们可以做你的水管工或建筑师。如果你雇我们做你的建筑师，那么你可以使用任何人来当你的水管工，或者你也可以让我们来当你的水管工。

用这种方式来进行沟通可以做到以下几点。第一，当潜在客户说他们已经有了一个水管工，你可以说没关系。他们依然可以留着自己的水管工。第二，表达出你的项目能够提供与众不同并更重要的服务，而这些是水管工做不到的。第三，通过这样做你将自己定位成一位诚实可靠的经纪人，而其他水管工只会修水管。

该策略屡试不爽。最近，一家大型福利公司联系了我，他们希望雇一家营销公司并希望我给他们的执行委员会做一次演讲。他们打算找6家潜在供应商在同一天一个接一个进行演讲。

我告诉他们我不做演讲或提案。相反，我说我可以做一场2小时的免费工坊。我还说，他们可以雇我来开发他们的营销"蓝图"，然后使用其他某家公司来实施。他们挺喜欢工坊这个主意，但我有一个条件，我要排在最后一个。

几周以后，我下午3点到达了他们的办公室，执行团队看起来筋疲力尽，他们已经坐在那里看了5场销售演讲。我立刻让他们开始做营销愿景。我们想出了几个极好的点子，到下午5点，他们对此充满了热切期望。然后我告诉他们，你们要决定是否愿意加入我的项目。我还提醒他们，他们可以雇用另外几家公司中的一家来实施我们将要开发的项目。我还补充说，另一家公司，也就是水管工，加入项目环节也很重要。于是，他们当场决定雇我。

能拿到这个项目的原因是我"销售"了客观性。在其他公司互相竞争的时候，我越过了他们琐碎的争吵，将他们纳入我的流程中。在之后的培训环节，来自他们所雇的另外一家公司的3个同事坐在会议室的最后，看起来既生气又充满困惑。他们对于我是客户的首席顾问（建筑师）感到不安，而他们只能降级到第二位（水管工）。他们变得毫无帮助，甚至成为绊脚石，客户最终解雇了他们，并雇用我来实施计划。这样，我们既得到了建筑师的工作，也得到了水管工的工作。

为了提供客观性，你需要将客户的福祉放在第一位。就像梅西百货的圣诞老人一样，你可能需要将你的客户介绍给竞争对手。但这种客观性会将更多客户吸引到你的企业，帮你赚取更丰厚的利润。

转变

　　健身是用来解释转变价值创造的一个很好的隐喻。你可以经营一家健身俱乐部，无论你是旧工厂思维者还是新工厂思维者。旧工厂思维者会提供设施和锻炼计划。新工厂思维者会帮助会员达成健康和身材的全面转变。正如你所见，这两种方法有着天壤之别。

　　现在大部分健身俱乐部都在以旧工厂方式经营。他们租一个空间，然后在其中摆满健身器材。再招聘健身教练并为客户提供诸如有氧、瑜伽、动感单车和举重等课程。常见的做法是，健身俱乐部按月收取会员费，并试图比其他健身俱乐部更有竞争力。到目前为止一切都还好。但问题是，加入健身俱乐部的大部分人并没能保持好身材。他们刚开始时带着美好的愿景，但几个月后，他们的意志力逐渐薄弱，最后几乎不再去健身俱乐部了。即使他们去，所做的锻炼也毫无条理，并不能成为整体健康计划的一部分。当然，有少部分会员会很有自我驱动力，能够练出极佳的身材，但是大部分都不会。大部分人需要更多的指导，但又无法获得，因为健身俱乐部将自己视为器材和服务的提供者。他们认为，应该由客户自己决定如何使用这些器材。

以健身为目的的新工厂思维者采取了不同的做法：提供转变价值。他们尽一切努力帮助人们塑造体形。一开始，他们会深入、整体地思考这个问题。在看到普遍的情况后，他们发现很多人体重超标，身体虚弱，健康状况不佳。他们还发现，旧工厂健身俱乐部和健康管理公司所提供的碎片式产品和服务并没有很好地协同并发挥最大作用。为了解决这个问题，他们预想，人们通过一个整体的逐步转变过程，能够达到理想体重、变得更加强壮并改善健康状况。

新工厂思维者则使用反模式和正模式的概念。反模式详细描述了客户是因何身材走形；正模式则详细描述了客户在实现转变后该如何保持体形。新工厂的目的在于帮助会员从反模式转变为正模式。你通过整合必要的资源、专家和策略来促进这种转变，这些资源来自不同领域。在健身俱乐部的情况下，新工厂思维者可能会结合瑜伽、均衡营养、认知行为疗法和睡眠保健来促成这种转变。

提供这种转变过程可以为新工厂产生更多收入和更高的利润率。依然以健身为例，旧工厂健身俱乐部可能会收取每月50—100美元的会费，而新工厂健身俱乐部可能收取每月5000美元，当然，你可能会说，没人会支付这5000美元，但我不这么认为。还是有很多人愿意为一个有效的流程买单，而不是将钱浪费在一个他们从来不用的健身俱乐部会员卡上，或者是最终无法达到想要的效果的应用程序上。

提供转变价值能解决旧工厂经济的固有缺点之一。大部分旧工厂只是处理问题，而不会解决问题。为什么？因为旧工厂没有动力解决问题，他们通过不断地处理问题来赚钱，解决问题不符合他们的最佳利益。我们几乎在旧工厂经济的所有行业中都看到过这个问题，包括医疗、金融服务、教育和消费等行业。

但是新工厂思维者通过一次性解决问题来赚钱。他们抛开之前对新工厂的偏见，将所有必要的资源和人员整合到一起。而且他们能够收取更高的费用，因为他们所提供的价值远高于那些旧工厂竞争对手所提供的有限的、碎片式的价值。

那么，如何制定转变流程？还是使用健身的例子，如果你想让人们练出好身材，首先要明确反模式和正模式。然后制定出第一版的转变流程——你认为可能会奏效的事情。比如你构想了一个九步流程，称为"好身材方案"，要完成这一方案需要6个月时间。然后寻找志愿者，带领他们通过整个流程测试。在过程中搞清楚哪些流程有用，哪些流程没用。基于测试情况，可以对步骤进行增减，或者对步骤的次序进行调整并细化每一步具体如何实施。每次你带领一个人来走这个流程时，都要思考如何改进流程。

如此，你肯定能够开发出一套有效的转变流程。它可能需要10次或100次迭代，但最终你会建立起一套有效并经得起推敲的流程。你还有一组志愿者，他们已经完成了正模式，并能够证实流程的效果。现在，你可以开始收费了。

当你的转变流程得到了细化和包装后，你就可以用很多不同的方式来实施它。你既可以在健身俱乐部中作为一项额外服务来提供，也可以将该流程授权给其他健身俱乐部，还可以以虚拟方式提供服务，将之放到线上，并且完全不需要拥有一家健身俱乐部。

转变价值策略建立在我们已经讨论过的其他价值创造构想基础上。你的转变流程将通过更少的资源（时间、金钱和精力）达成更好的结果。你可以找来利用率不足的资源，例如没有足够客户的营养师或稀缺的瑜伽技师，将人们聚到一起，无论是普通参与者还是专家。最终，你将健康与福祉这一拼图的所有片段拼到一起，而这些原本只是散落在旧工厂市场中的碎片。你还可以提供客观性，不用推销健身产品和服务。你会寻找绝对最优方案，哪怕是竞争对手提供的。

任何行业、任何类型的企业都能够提供转变价值，并且可以迅速执行并几乎不费预付资本。它可以以一个明确意图开始，即帮他人达成转变——从变形到塑形。可以从一个有此意愿的参与者开始。即使你还没有所有必要的资源，也依然可以试着帮他们达成理想模式并实现更好的结果。

请从深入思考你的客户开始吧。思考一下，他们正在被哪种反模式裹挟？尽可能找到更多细节，然后对正模式展开想象，他们可能达成的理想状态是什么？然后想一下从反模式转变成正模式需要些什么？邀请一个人来试一试你的流程，然后尝试第二次、第三次，逐渐完善流程。然后将流程提供给你的会员并收取费用。

一旦你开始思考与转变有关的问题，大脑中就会闪现出与价值创造相关的内容，你会拥有一连串的想法和策略，你的想法将会更加集中。你确切地知道要将客户带往何处并且能够更好地解释他的这种愿望。你还会更有信心帮助他们的会员达成正模式。

最后一点提醒是，本节的全部内容均围绕转变价值。我的大目标是帮助你从旧工厂思维向新工厂思维转变。希望你能够克服旧工厂反模式并达成新工厂正模式。我还会给定你一个流程，帮助你进行转变。

那么，思考一下，你希望帮助你的会员达成的转变是什么？

情绪价值

随着旧工厂的大部分工作被电脑和机器人取代，新工厂思维者将为他们的会员提供情绪价值。他们从会员由负面情绪转变成正面情绪的过程中赚取利润。

旧工厂思维者很少考虑他们客户的情绪状态。其产品和服务的价值是由它们的价格与其特性和效益的效用的合理计算来确定的。诚然，广告商很擅长通过激发情绪反应来引出销售，但他们的意图并不是永久性转变客户的情绪状态。

新工厂思维者理解，旧工厂经济仅关注提供物质上的富足，并不能为大部分客户提供可持续性福祉。事实上，有研究显示，富裕国家的人们反而承受更高水平的沮丧、焦虑、疏离感和其他形式的精神疾病。似乎一旦我们达到了某种程度的富足，拥有得更多反而会让我们的幸福感降低。约翰·内什尔（John Naish）在他的《够了：你为什么总是不满足》（*Enough: Breaking Free From the World of Excess*）一书中对这一矛盾进行了专业的解释。内什尔认为，获得和拥有更多事物让我们社会中的很多人的情绪更为不佳。

我们想拥有更多的欲望这一事实催生出了奇怪的果实：压力、沮丧和消耗水平全部快速上升，即使我们生活在前所未有的富足之中。

新工厂思维者认识到了这个问题的严重性，并从中发现了机会，为客户提供电脑或机器人无法带来情绪价值。他们理解，消费者为了追求幸福感会付出大量金钱，尤其是如果这种提升的幸福感是持久的。

要创造情绪价值，仍然可以从上一节所讨论的反模式和正模式的概念开始。列出当你第一次见到某个潜在客户时他们感受到的负面情绪。他们是感觉悲伤、害怕、愤怒、孤独、壮志未酬还是沮丧？是感到紧张、筋疲力尽还是不堪重负？然后详细描述一种你希望帮他们达成的理想的情绪模式。你希望他们感到开心、安全、平和、通达还是意得志满？你希望他们感到平静、精力充沛还是自在？然后展开头脑风暴，什么样的资源、专家和流程能够帮他们做出这种情绪上的转变。

理解客户的情绪图景需要同理心和对自身情绪的了解。

这种情商在旧工厂时代是得不到培养或鼓励的。谈论和表达情绪被认为是低效且不合适的。但是在新工厂时代，帮助客户改善情绪状态是加深与其关系和发展事业的机会。

新工厂模式的五部分结构的每一步都自带情绪价值。通过选择特别类型的客户（第一步），你证明了你的客户是业务中最重要的考虑因素。这使得他们感到被认可和支持。围绕一个大理念（第二步）打造你的企业，你证明你理解他们的问题，而且你为他们制定了远大目标。这让他们愈发感受到支持，并对于达成目标感到兴奋。通过提供免费价值（第三步），你会突破他们的不信任和愤世嫉俗，并建立信任。通过提供会员计划（第四步），你让他们感受到自己是特别的，并更有信心解决问题和实现目标。通过提供一站式商店（第五步），让他们感到被赋权。

通过这种方式提供情绪价值是人类对抗电脑和机器人的速度和效率的一种方式。尽管人工智能在很多方面都能发挥作用，但不太可能像人类对其他人那样提供情绪价值。这也是为什么我们看到社会工作者、心理咨询师、人生导师和其他精神与身体健康导师的需求在增长。这些情绪价值提供者超越了旧工厂思维者的功能，他们关注的是缓解情绪压力。

神经心理学家里克·汉森（Rick Hanson）在他的《大脑

幸福密码》（*Hardwiring Happiness*）一书中解释道，人类的大脑包含了三种基本情绪需求：安全感、满足感和联结感。我们的直觉是避免伤害、寻求奖励并依恋他人。在人性的最深处，我们寻求安慰、鼓励和温暖。因此，新工厂思维者会创造相应的价值，她们给予会员以安慰，让其远离危险和风险。她们给予会员以鼓励，让会员相信自己能够实现目标。而且她们会通过提供真正的温暖和同情，让会员感受到有意义的联结。

在先前的段落中，我使用了"她们"，因为情商似乎是女性的优势，是男性的弱势。这也是为什么我预测大部分女性会比男性更易于拥抱新工厂模式，并且未来会在市场中获得更大的成功。

那么想一下，怎样才能提供更多的情绪价值？如何帮助客户感到更安全和更有保障？如何才能给予他们更强的满足感和成就感？如何帮他们感到与他人更有联结感？

我的一些会员在他们包装价值主张的时候就直接加入了情绪价值。他们提供三种水平的会员资格。第一种是帮助会员处理风险和威胁；第二种是帮助他们达成远大目标；第三种是帮助他们与其他会员产生联结，无论是线上的还是线下的。潜在客户可以选择其中一种，或者从第一种开始，然后到第二种、第三种。

如果你不相信创造情绪价值是赚钱的机会，那么想一想星巴克吧。为什么你认为人们愿意付5美元或更多钱在星巴克买一杯咖啡？是因为星巴克的咖啡更好吗？不太可能。你在很多地方都能买到一杯好喝的咖啡。但星巴克做得比竞争对手更好的地方在于他们会提供情绪价值。当一个人在星巴克买了咖啡，他会产生一种特别的感受，他感到自己获得了优待。店里的氛围也让他感觉更能与他人产生联结。这些情绪价值碎片的联结是星巴克的客户愿意为其溢价付钱的原因。

创造情绪价值在很多方面都对企业有帮助。例如在星巴克，如果你帮会员提升了情绪体验，你就能收取比竞争对手更高的费用。你还会吸引大量的情感贫乏的潜在客户，他们没感受过你所在行业里旧工厂的服务。然后你会在一个被电脑和机器人接管的市场中生存发展。

赋能

20世纪70年代末，我有过一次在新闻学校工作的经历，那次经历教会了我赋能的价值。当时，制作一份报纸是一件费力的事，需要很多步骤。其中一步是将打字机上写好的故事转成排版格式。在学校里，一个叫多丽丝的女士负责操作校园里唯一的一台排版机。如果要顺利出稿，就必须对多丽丝和颜悦色，因为她手握权力，如果她不喜欢你，那你就别想能及时出稿了。她要么将你的故事丢在收件箱的最底下，要么把你的稿子改得满是错字，真是一场噩梦。

然而，"此一时，彼一时也"。电子出版技术的进步让一切发生了改变。我们再也不用忍受多丽丝这样的排版工人，我们可以直接绕过他们，从头到尾自己完成出版，无须经手他人。新闻业和很多其他领域一样，科技为我们赋能，让我们掌握自己的命运。

在21世纪的市场中，为你的客户赋能，让他们能够掌握自己的命运是另一种价值创造方法。你并不是简单地提供产品和服务，而是通过为客户赋能，让他们打造出自己的产品，从而创造你的财富。

为了理解这一概念，你可以把自己想象成一个登山向导。你有两种方式可以为客户提供价值。你可以把他们背到山顶，也可以为他们赋能，让他们自己爬上去。在第一种场景里，所有的工作由你来做，而客户负责搭便车。在第二种场景里，客户自己做绝大部分工作，但需要依赖你的知识和支持。

我在市场里的经验表明，大部分客户偏向第二种场景。他们并不希望你为他们做事，他们更想自己做事，你从旁协助。这是因为人只有靠自己取得成就，才更能尝到果实有多甜美。他们能够感到被赋予了力量。

为你的客户赋能有两种主要方式。第一种赋能方式存在于第一种场景中，客户一切都要亲力亲为。这也是为什么银行让客户在线或通过自动取款机（ATM）办理银行业务，以及为什么石油公司让客户自助加油。将工作交给客户可以为公司省钱，还能让客户感觉他们也在省钱。这是宜家（IKEA）取得成功背后的核心策略。

此外，"自己动手"的革命已经几乎渗透到所有经济部门。家得宝（Home Depot）让顾客自己动手装修；亚马逊的创意空间（CreateSpace）帮助作者自己出版书籍；医疗设备公司使人们能够自行测量血压，监测胰岛素水平，并进行大量其他与健康相关的测试。

技术的进步正在推动"自己动手"革命。未来学家阿尔文·托夫勒（Alvin Tofler）和海迪·托夫勒（Heidi Tofler）在他们2006年出版的《财富的革命》（Revolutionary Wealth）一书中，创造了"产消者"（prosumers）这一术语，用以指代既是产品和服务的生产者又是消费者的人。未来几年，这一趋势还将继续。太阳能、风能和氢能技术让住户能够生产自己的能源，3D打印机将使消费者能够生产自己的电器、服装、车辆和民居。你也会看到越来越多的个人和社区生产和消费自己的食物。这是新工厂思维者赚钱的机会，通过硬件、软件、网络社区以及获得资源的综合选择，为产消者赋能。

第二种赋能方式是与你的客户共同完成一个合作项目。在这种情况下，客户仍然做大部分工作，但你也积极参与其中。作为一名教练，你通过一步一步的流程来指导客户实现一个远大的目标。在此过程中，你提供工具，给予建议，并鼓励他们继续前进。虽然他们做了大部分工作，但你是不可或缺的，因为没有你的积极参与，他们永远也不可能取得同样的成果。

承担赋能教练的角色符合新工厂消费者的世界观。他们反对等级制度，不相信权威，不希望任何人拥有高于他们的权力，无论是个人、公司还是政府。相反，他们希望被赋予权力，并欢迎任何愿意的人在这方面帮助他们。让我举几个例子来说明这个概念如何在不同的行业和领域发挥作用。

医疗：一家新工厂保健公司通过循序渐进的健康计划指导会员。首先是对会员当前的健康状况进行详细的检查。会员与医生/教练一起制订个性化的健康和保健计划，该计划整合了传统医学、替代医学（也称替代疗法）、营养学、心理治疗和健身等不同元素。会员负责实施计划，并需要在每季度与医生/教练会面。在这些回顾环节，会员需要审视哪些部分已达成，哪些部分未达成。

金融服务：在一家金融服务旧工厂，金融顾问为客户制订财务计划并管理投资。顾问收取投资管理手续费并/或赚取财务产品的销售佣金。在金融服务新工厂中，顾问担任教练的角色，带领客户经历转变流程。他不是为客户揽下一切事情，而是为客户赋能，让他们靠自己的努力实现财务目标。会员将获得知识和指导，以做出正确的投资决策、选择正确的保单、保持在个人预算范围内，并跟踪其现金流和净值。通过这种方式，会员对自己的财务状况负责，而财务顾问则扮演催化剂的角色。

建筑：一位旧工厂建筑师自己完成大部分工作：她会见一位客户，并了解他想建什么样的房子，然后她去开发蓝图。在与客户进行几次会谈后，蓝图最终确定，建筑工程开始。但新工厂建筑师让客户自己开发出他们的蓝图。在"蓝图创建会议"期间，建筑师/教练使用3D软件来帮助客户设计他们自己的房子。通过共同努力，建筑师/教练和客户能够快速完成期望的蓝图，节省每个人的时间和精力。客户对结果也更满意，因为他们一直积极参与这一目标的实现过程。

商业管理咨询：旧工厂顾问为他们的客户提供建议。而新工厂顾问为他们的客户提供逐步辅导的过程。例如，假设你是一名互联网技术（IT）顾问，你要将你创建的一个"透明物流解决方案"教给潜在客户，这个IT模型可以帮助公司开发供应链信息系统，在该系统中，数据在流程中的每一步都被收集和分析。通过清楚地传达你的反模式和正模式，你说服客户开发了一个类似的透明物流系统。作为他们的教练，你为他们提供实现模型所需的工具、策略和指导。在每月的进度会议上，你也要让他们负起责任。

教育：旧工厂教育者教授学生一些特别科目的课程。而新工厂教育者教导学生实现他们学术和智力上的目标。他们帮助学生为未来描绘愿景。他们会询问学生：你想学习什么？为什么要学它们？你想让教育把你变成什么样的人？你理想的职业是什么？教育培训者会帮助学生制订一个长期教育计划并给他们提供所有可用的教育资源。在很多年的时间里，教育培训者会与学生见面，审视他们的流程，重新调整计划并为他们展示最新的教育资源。通过这种方式，教育培训者成了客观的高水平学术顾问，他能够确保学生最充分地利用这个世界上的碎片化教育资源。

这些例子里所使用的赋能技术适用于任何客户、任何行业或情形。原则是一样的。新工厂不需要帮客户做所有的脑力工作和体力工作，只要帮他们在正确的时间考虑正确的事情，然后按照合适的顺序采取所需的行动即可。赋能教练还会确保客户处于正确的轨道，让可用资源充分地发挥作用。

让你的思维适应赋能价值的概念可能有些困难，因为在旧工厂时代，你赚钱的方式是付出时间和精力。你工作越努力、时间越长，你赚的钱就越多。但是在新工厂时代，你可以通过让客户完成大部分工作来赚更多钱。这是因为赋能模式会产生更好的结果，它所耗费的时间更少，客户可以从个人成就感中获得情绪价值。

那么该如何为你的客户赋能呢？你该如何帮助他们自己爬到山顶？为此你需要提供什么资源、专长和支持？

概念价值

商业教授和管理顾问就改变管理的问题著书无数，但只有一本书十分畅销，这本书叫《谁动了我的奶酪》（*Who Moved My Cheese*），作者是斯宾塞·约翰逊（Spencer Johnson）。讲的是四只老鼠发现自己的奶酪从常见的位置消失后它们各自的发生的故事。这是一则有趣的故事，它教给我们重要的一课：当情况发生改变时，你需要接受现实并寻找新的机会。

《谁动了我的奶酪》在全球范围内畅销，因为它提供了概念价值。四只老鼠的故事给了人们一个易于记住的类比，每当他们生活中发生变化的时候都可以使用：我们的奶酪位置产生了变化，那我们也要做出改变。这一概念被包装成一则寓言，鼓舞人们有效地处理这个问题。这也是为什么约翰逊的书能够售出数百万册，而其他关于变革管理的学术类书籍却少有人问津。这些书的确包含大量研究得很彻底的数据和案例研究，但并没有教人们面对变革该如何采取实际行动。

为此，概念性价值创造对于新工厂思维者是另一个巨大的机会。我猜测未来所创造的大部分价值都将是概念性的。随着世界愈发复杂，人们被爆炸式的信息、图片和创意淹没，强有力地传达清晰的概念将在市场中获得奖赏和回报。能够有技巧地使用概念、隐喻和类比的新工厂思维者将击败他们的竞争者，因为后者对概念毫无头绪。

这也是为什么大理念是新工厂的中心部分。它不是一个产品或一项服务，而是包装成一个整体的多个概念，它能够抓住客户的想象力。将大理念清楚地加以表达不仅能够帮你吸引更多客户和会员，还能为其自身赋予价值。

为了理解我的意思，假设你是汽车行业电子零部件的制造商，你的公司有很多非常好的客户，但你面临着来自海外的激烈竞争。你在设法通过为客户提供附加价值而实现差异化竞争。然后，你意识到了概念的价值，这或许是答案。

因此，你制定了一个远大的目标：帮助汽车制造商，让他们的利润翻番。然后你发现一个重大问题：汽车公司不会优化车辆里的电子系统，因为他们不接受跳脱的创意。你的标志性解决方案是为汽车公司提供创意理念，让他们能接触业内一流的策略和来自全球的一站式电子零部件商店。你将你的大理念称为"内部创新者"。

但这只是开始。你需要开发出正模式和反模式。你精确地描述限制汽车制造商盈利能力的所有问题并识别核心问题，并给出一个标题"遗留限制陷阱"。这一判断指出的一个现实是，大部分汽车制造商一般每年都会对汽车进行渐进式改良，因此，他们无法在工程设计方面实现巨大跨越。你还要微调你的正模式，你将其称为"创新点火装置模式"。这个正模式提出了一个全新的组织流程，用于汽车行业内的创意生成和创新管理。

为宣传你的正模式和反模式，你从斯宾塞·约翰逊和他的书里的老鼠那里获得启发，并决定使用一个类比。因为你有一个当魔术师的"梦想"，所以你选择胡迪尼[①]（Houdini）作为你的概念符号。你找来一张胡迪尼带着铁链被吊在起重机上的图片。这张图片代表被困在"遗留限制陷阱"中的汽车公司所遭受的限制。然后，你再展示一张胡迪尼奇迹般地从铁链中解脱出来的图片。这张图片代表采用了"创新点火装置模式"的汽车公司。这个类比十分有力，因为它指向了根本极端性之间普遍的紧张关系：压抑与表达、禁锢与解脱、僵硬与灵活。

[①] 哈里·胡迪尼（1874—1926），是世界上最伟大的魔术师，享誉国际的脱逃艺术家，能从各种镣铐和容器中脱身。——编者注

在配备了概念价值方案之后，你可以通过多种渠道来传达信息。你可以制作一条视频、一本电子书和一条新闻稿，你可以举行网络座谈会并制作一条播客，你还可以在行业会议上演讲。

通过这些努力，你会注意到一些重要的事情。你所想出的胡迪尼概念抓住了潜在客户的想象力。他们对你的横幅感到很有兴趣，横幅上显示的是"胡迪尼被铁链困住的样子"，下面一行小字是"你被困在遗留限制陷阱里了吗？"他们想知道这是什么意思，当你解释之后，他们就能明白。"我们确实正在面临这样的问题"，他们说，"我们之前从没想到过这个问题，但它的确存在。现有的设计流程限制了我们的潜力。"然后他们会邀请你组织一场会议，之后的一年，你会帮助他们在其公司内部开发一个"创新点火装置模式"。这一工作能帮助会员精简创新流程，并带来更高的效率和更令人兴奋的产品，而这两者都能刺激利润的产生。

这个例子表现了概念价值的力量。通过使用胡迪尼概念来沟通一个重大问题，你让潜在客户与此接触。之后你可以帮助他们实现远大目标，为他们提供所需要的资源、知识和指导。但关键的一点是：你需要有技巧地包装概念，这样才能让一切实现。如果你没有很好地传达自己的创意，潜在客户就不会明白或与之接触。因此，你为会员提供的大部分价值都发生在最初的30秒钟之内。这就是为什么我会说，未来随着新工厂思维者发展出更强的概念化专长，市场中的大部分价值都是概念性的。其他的一切都仅仅是执行。

发展概念包装技能的一种方式是使用"岔路口法"。想象自己身处一个岔路口，你的潜在客户正朝你鱼贯而来。大部分人从你左边路过，而你知道这是一个糟糕的决定，因为你知道左边的路通向的是一个危险的悬崖。你还知道，右边的路要好得多。它通往一座高山上的一个叫"乐土"的美好之地。你想要带人们去乐土，但你意识到，首先要阻止他们走上那条错误的路。所以你摆放了一个巨大的指示牌，上面写着："停！不要走上悬崖。"幸运的是，大部分人注意到了那个指示牌，他们停下来与你交谈。你解释说，左边的道路尽头是悬崖，并告知他们如果不慎跌下悬崖后的悲惨后果。然后，你解释了乐土的美妙之处。

使用这些概念，你让他们拥有了一个清晰的选择：如果走上错误的道路，就会掉下悬崖，而走向正确的道路，则能到达乐土。基于你清晰的解释，大量的潜在客户选择了通往乐土的那条路，并雇你担任他们的教练。正如我们在前一节所述，这意味着他们能够在你的指导下自己攀登通往乐土的那座高山。当他们抵达乐土后，他们会感激你站在岔路口并成功劝说他们走向了正确的道路。

不幸的是，很多旧工厂帮他们的客户走上了错误的路。实际上，错误的道路上有很多供应商都在叫卖他们的产品和服务。他们不在乎客户会否掉下悬崖，只要能先做成一桩买卖就可以。我知道这听起来挺刺耳，但事实难道不就是如此吗？倒不是旧工厂思维者想要他们的客户掉下悬崖，而是他们不会把这个问题当成自己的责任。但新工厂思维者不会这么做，他们赚钱的方式是阻止人们掉下悬崖，方法是提供概念价值。

这个原则的根源在于这样的事实，即人们购买创意，而不是产品或服务。如果人们希望创意与某个产品有关联，就会购买；如果人们不喜欢创意与产品有关联，就不买。大部分时候，这种创意和概念的交换是潜意识的。客户不知道他们是对一个创意做出了付费行为，他们只是认为自己做出了理性的决策。但那是市场运作的方式，即便旧工厂也是如此。但在新工厂市场，这个原则向前更近了一步。

创意和概念自身便能够提供价值，它们不需要附着在任何产品或服务上。概念的价值由其能够在多大程度上提醒和激励客户采取正确的行动来决定。这种"概念赋能"帮助客户解决他们的重大问题，实现远大目标，并在此过程中激励他们购买很多产品和服务。

当提到概念表达时，简洁精确是关键。你得在3秒钟之内抓住潜在客户的注意力。然后你有30秒钟时间激发他们的兴趣。如果那时他们还没离你而去，那你就有3分钟时间来讲述更完整的故事。如果在3分钟之后你没有触发他们的想象力，就可能会彻底失去他们。所以找到精确合适的用词，加快动作，去掉任何多余的细节，直击重点。

保持一致也很重要。一旦有了能够讲得通的故事，就坚持下去。不要因为厌烦而改变这个故事。记住，每个人都是新听众，他们之前并没有听过你的故事，而且，他们想要听到一个有用的故事。

所以，想一想你的客户正在接近的岔路口。错误的道路是什么？他们掉下悬崖会发生什么？正确的道路是什么？乐土是什么样子的？然后用尽可能最有效的方式来解释这些概念。可以使用比喻和类比，打磨你的语言，使用有趣的图片。大胆一些，去冒险、尝试一下。

界面

我的公司成立于1987年，在一个界面的基础上打造而成——苹果的Mac桌面操作系统，这是一个基于图形用户界面的架构，相比之前的磁盘操作系统的电脑有了巨大的进步。

在Mac出现之前，其他电脑都没给我任何启发。我觉得，它们比一部打字机好不了多少，但Mac的界面让我有了新想法。我从中看到了大量的赚钱机会，特别是电子出版业。我可以从头到尾制作新闻稿和杂志，这一切在Mac的屏幕前都可以完成。在这个界面的鼓励下，我辞掉了工作，开启了自己的出版事业。

多年来，其他界面的出现也让我产生了不少想法。一项被称为"头等舱"的技术促使我成立了第二家公司，为公司客户提供"公告板系统"。万维网（World Wide Web）界面产生大量有利可图的商业机会，苹果手机的操作系统的操作界面改变了我做生意的方式。

这些经验告诉我，界面自身就能创造价值。它们也为其发明者赚了很多钱。想一下这些界面：油管（YouTube）、脸书、谷歌和猫途鹰（TripAdvisor，旅行点评App）。这些界面以及很多与之类似的界面大受欢迎，因为它们让人们能以简单有趣的方式来做一些有用的事情，还能组织并简化信息管理。

新工厂思维者明白，能够打造出最佳界面的公司就是赢家。他们知道消费者十分易变且耐心不足。如果有新的、更好的界面出现，消费者就会毫不犹豫地离开。所以新工厂思维者十分认真地对待界面的打造。这也是为什么即便是谷歌也必须十分严格地控制他们的主页（最少的文字、大量的空白），并不断升级搜索算法的能力。因为，即使在搜索引擎领域占据重要地位也会被一个更好的界面夺走市场。

新工厂思维者可以打造两种界面：以机器为基础的界面和以人为基础的界面。以机器为基础的界面存在于线上，消费者使用电脑或其他设备可以访问。以人为基础的界面涉及人类在界面代理与客户之间的互动。无论哪种方式，它们都提供相同的功能。无论是哪种界面，都能让客户更轻易地把事情做好。

由于世界上的新信息、新技术和新创意正在呈指数级增长，对界面的需求和要求也相应提高了。我们需要界面来管理资金、健康、时间、人际关系、爱好和事业。我们还需要界面来管理所有的界面。

以密码为例。在20世纪90年代，我只需要记住一两个密码。但现在，我需要为互联网上使用的所有服务记住100个密码。为了管理这些密码，我订购了在线密码管理器LastPass。在登录LastPass之后，它会让我自动登录我所有其他的网站。这节省了我的时间并且我不用把所有的密码都记在脑海里，这样我的压力大大减轻了。（注意，当我在写这本书的时候，有黑客攻击了LastPass。这个安全漏洞令人感到不安，但我还是继续使用这项服务，因为这一界面对我而言非常关键。）

新工厂既是价值枢纽也是默认的界面。客户来到新工厂，接触大量的资源，无论是线上还是通过与人类的接触。新工厂提供的界面越好，它就能吸引越多的会员，也就能带来更多的回头客。我使用亚马逊的体验就是如此。它为我提供了"一键下单"的一站式购买流程的服务。一旦我找到了自己需要的产品，我只要点击一个按钮，就能完成全部购买流程，它已经保存了我的信用卡号和寄件地址。它的出版界面也非常出色，在它的创意空间界面上，我可以毫不费力出版一本书，包括这一次。该流程比传统的出版流程耗时少

90%，成本低75%。

　　当然，你可能还没有资源来开发一个像谷歌或亚马逊这样的界面，但这没关系，因为作为人类，你也可以成为一个界面。你可以帮助你的会员处理复杂问题，让他们能够更快地完成工作，你可以成为他们所信赖的顾问和一站式信息来源。

　　在我的生活中有很多人充当我的界面。在家里，我有一个助手，她帮我处理99%的家务。每当我的房子出现问题，比如屋顶漏水时，我都会让她找承包商来解决问题。我不必也不想知道细节。在我的农舍里，我有一个伙计，他是我的乡村资源界面。每当我有问题的时候，比如一棵树倒下了，我就给他打电话。他会通过最少的沟通锁定问题，找到承包商并解决问题。我的办公室里也有一个团队在充当界面的角色。我告诉他们，他们要为我阻挡复杂问题。他们的工作是在复杂问题来到我面前之前阻挡并解决它。这样，我就有时间和精力去做我的工作，比如培训会员和写书。

　　所以你要成为客户的界面，让他们的生活更简单、更有条理。要成为他们遇到问题或需要帮助时的唯一来源，让他们能够更轻易地完成工作，你要比他们见过的任何人都更乐于帮助他们。抓住他们的复杂问题，让自己成为他们生命中必不可少的人。但是，做界面不代表要做受气包或奴隶，你没必要24小时待命，你可以设定自己的界限。

在《精益创业》一书中，埃里克·莱斯记录了一个循序渐进开发有效界面的方法。他建议你从礼宾服务阶段开始，在此阶段，你通过人与人之间的接触，亲手完成所有事情。然后慢慢把功能和活动转移到线上，同时减少公司的人为参与。通过这种渐进的方式，界面会基于可行和不可行的操作而发展。

我们用这种方法进行了一项名为"Trumark指数"的人格测试。在我们开发出第一个版本的问题和人格特征的模式后，我们在100名被试身上进行测试，并手动撰写报告。基于这一经验，我们对问题进行微调，并开始慢慢实现报告功能的自动化。然后我们打造出一个界面，让被试可以在线上完成测试。最终，我们做出了一个有效的全自动测试界面。

一旦你开始考虑界面，你会看到很多以前被旧工厂思维掩盖的商机。你会知道如何为你的公司打造更好的界面，包括线上和线下。你还将看到如何为整个行业，甚至在超越你的行业的领域打造界面。

和概念价值一样，界面价值也是一种包装练习。最好的线上界面是一个网站主页或门户网站，它可以掩盖无限的复杂性。它把杂乱无章的、碎片化的内容变得简单优雅。这是优步成功的前提，优步提供了一个简单的界面来预订出租车。它可以显示出租车有多远，什么时候到达。它可以显示司机的名字，以及本次行程的预计费用。它还记录了你的行程和你支付的费用。你和司机之间还可以相互评分。然后交易会自动完成，因为系统已经有了你的信用卡卡号。这就是为什么优步声称自己是一家科技公司，而不是一家出租车公司。它只是提供了一个比以前更好的界面。

所以开始考虑一下界面吧。想一想你在哪里有机会打造一个新的界面？如果你有了正确的想法，你就可以赚几十亿美元。

教学

有一种说法：能做未必能教。但是在新工厂市场上，这句格言被颠倒了：能者多劳，教者富。这个新的说法指向一个普遍真理：你所知道的比你所做的更有价值。

这就是为什么新工厂思维者成为"教师"。他们把自己的经验教给潜在客户和客户。他们能学到有用和没用的知识，以及解决重大问题和实现远大目标的最佳方法。

旧工厂思维者不认为教学是他们在市场中的职责。事实上，他们不相信教学是个好主意。他们小心翼翼地守护着自己所知道的一切。他们为自己的智慧和知识上了重重枷锁。正如一位商人告诉我的那样：教会徒弟，饿死师傅。这种反对观点是可以理解的，但它忽略了更重要的一点：如果人们将你视为知识和智慧的宝贵来源，他们会被你吸引，并不断回头购买更多相同的东西。你将成为他们眼中的领导者和专家。

正如我们在前面章节中所讨论的，在现在的市场中，让人们有事可做本身就是一种有效的价值创造策略。如今，人们不希望你对他们动用权力，人们希望你赋予他们力量。最好的方法就是用知识和智慧赋予他们力量。这么做，你不仅会吸引更多的订购者和会员，你还将在他们的生命和事业中产生更大的影响力。这样，他们就更有可能加入你的会员计划，并从你的一站式商店中购买产品和服务。

大多数旧工厂思维者也不相信自己是专家。当然，他们拥有教育证书和商业经验，但他们将这些知识用在通过流水线上生产更多的产品和服务。而新工厂思维者认识到知识的价值。他们不会高高在上，但他们意识到自己有重要的信息要与世界分享。他们也能看到教学是获得更多会员和赚更多钱的好机会。

第一步是把你脑子里的东西记到纸上（也可以通过电子形式记录）。写下你为客户准备的提示。以下是一些提示示例：

- 在开始写故事之前，创建一个思维导图。

- 睡前1小时停止使用电子设备。

- 每天喝适量的水。

- 在进行头脑风暴时，分小组进行，最后把大家集中起来分享他们的想法。

- 使用主动维护计划将停机时间减少35%。

● 团队开会时，要站着，不要坐着。

有100万种可能性。当你开始列出你的提示时，你才会意识到你知道的知识有很多。这些年来，你学到了上百种没用的方法，和十几种屡试不爽的方法，这是有价值的信息。它可以帮助人们避免你经历的错误，这可以挽救他们的健康、人际关系、事业甚至生命。这也是为什么你有义务来分享知识。

这里有一点需要注意。当你列出提示清单时，尽量以动词开头，比如创造、开始、喝、做、用、站，也要像你在教他们如何自己做一样给出提示。不要说，雇我们来帮助你，或者聘请专家来……这些都是自我服务的技巧，近乎销售，而非教学。此外，试着给出你的受众以前没有听过的原创提示。不要只是从其他专家的书中照搬，因为你的受众可能也读过这些书。

当你有了10条提示后，可以进一步添加细节。写一页纸，进一步解释每一条提示。然后把这10页提示制成电子文件。创建一个博客、视频或播客来介绍每一条提示；组织一场线下研讨会或网络研讨会；为在线杂志写一篇文章；举办一场主题演讲；写一本完整的书。

随着你对提示的进一步打磨和拓展，你将更能欣赏你的知识对受众和你自己的用处，你的受众将得到很多可以使用的信息。至于你自己，你会对自己所知道的感到更加自信和清晰，并被认为是你所在领域的杰出教师和思想领袖。

你也会意识到，分享你知道的一切并没有危险。不去分享才危险，因为其他人可能会击败你，然后成为你的领域公认的专家，而不是你。然后，你将经历一段不愉快的经历：当你的竞争对手发表你本可以发表的主题演讲时，你却坐在观众席上，那会让你发疯的。

通过分享你的知识，你将更多人吸引到你的影响范围内。其中一些人当然会将你所教的知识拿走并自己做，反正他们本来就会这么做。但你也会接触到很多欣赏你的人，他们会想请你帮他们执行你的想法。

此外，调查和阐明你所知道的知识，你会发现你的脑袋里隐藏着更多的知识。你将能更清晰地看世界，并从环境中攫取更多信息。这就是知识，你不分享它，它就会萎缩。但当你分享了，它便会呈指数级增加。

在新工厂市场中，知识绝对比努力有用。你教授自己所知道的知识比为别人工作赚的钱要多得多。不确定？想一想吧。你可以通过修剪草坪获得报酬，比如每块草坪20美元。如果你一天修剪5块草坪，你会赚100美元。你也可以雇5名员工，每天修剪25块草坪，这样总成本为每天500美元，减去人工和运营成本，你的净收益大概是200美元。在这种旧工厂模式下，你能赚到的钱是有限的，为了扩大规模，你需要买很多割草机，还要处理很多复杂的事情。你还将面临来自其他草坪养护公司的激烈竞争。

而新工厂草坪公司将采取不同的路线，他们会成为"老师"。它们会教人们如何保养自己的草坪，教人们不同种类的草的最好的施肥方法，以及如何浇水。它们将创建一个名为"草坪学院"的网站，并提供草坪护理的视频和课程。它们还会设立一站式商店，草坪和花园公司会在此出售它们的商品，甚至出售其他草坪养护公司的服务。它们还可以为草坪护理提供者设立认证课程，使其获得"草坪学院"的认证。

在这个例子中，新工厂是围绕核心价值主张的教学来建立的。这种教学大部分是免费提供的，目的是吸引订购用户和会员，然后让他们从一站式商店购买额外的产品和服务。通过吸引数以千计甚至数百万计的草坪所有者，新工厂也吸引了许多供应商，供应商愿意给"草坪学院"每笔销售一部分提成。更引人注目的是，旧工厂草坪护理公司可能会接触几百位客户，而新工厂草坪学院可能会接触几百万位客户。

最棒的是，教学是一种"不卖而卖"的方式。因为今天的消费者很难通过推销宣传来触达，但如果你有一些有用的东西可以教给他们，他们就会卸下防备并参与到你所说的事情中去。他们会把你视为专家，而不是销售人员，并给予你更高的评价。而且，当老师的成本几乎为零，因为制作博客、视频、播客、书籍和网络研讨会几乎不需要任何成本，通过社交媒体传播你的知识也不需要太多成本。

意识到自己是一个拥有很多可以分享的宝贵知识的专家，这是成为新工厂思维者的关键一步。在旧工厂市场，没人在乎你懂什么，他们只是想让你一直盯着流水线。但是在新工厂市场，你可以从机器前走开，综览大局，你可以看看现实世界。从这个角度，你可以看到在流水线上无法看到的商业模式，你可以看到旧工厂没有解决的重大问题和旧工厂所导致的问题。你还可以看到一些可能性，能够实现更大、更好的目标，发现实现这些目标的新方法。然后你可以采用并不昂贵的工具来把你所学到的教给人们。

你还要意识到，你在很多方面比你的客户更了解他们自己。他们被困在自己的小世界里，但你已经接触过成百上千这样的人，你可以看到一些模式的共性。你能够发现他们都有同样的问题，并都在以同样无效的方式来处理这些问题，你几乎能看到他们的未来。你知道如果不解决他们的重大问题，他们会发生什么。你也知道如果他们这么做之后会发生什么。再说一次，你的知识和智慧是极其宝贵的。所以，不要把所有的精力和精神浪费在简单的流水线上。做一个新工厂思维者，去教学吧。

对这个话题的最后一点说明是，新工厂思维者最重要的活动就是思考。关键是思考一些正确的事情，把你的思维引向客户面临的问题和机会。深入思考那些阻碍他们实现远大目标的障碍，想一想实现这些目标的最佳方式是什么，准备好之后就与他们分享你的见解吧。

新工厂思维者经常进行长时间的思考，但他们能在积极活跃与深思熟虑之间找到平衡。

策划

网络让我们能够访问日益增加的信息、选择和资源，但它还带来一个重大问题：如何在一堆砂石中发现高品质的宝石？

科技当然有所帮助。谷歌和其他搜索引擎给出一个选项列表，但是大部分工作还是需要自己去做。例如，假设你需要一位律师，搜索引擎会帮你在所在的地区找到律师，但是你怎么知道他好不好呢？你可能会向朋友求助，但他们可能只认识一两个律师；想象你正在为你的公司寻找一个好的客户关系管理系统，搜索引擎可以显示数百个选项，但是你怎么知道哪一家是最适合你的公司？这可能需要你花费数小时去反复试验来测试和做出正确的选择。

但是如果你能和策划人合作，他能够为你完成所有调查和跑腿的活儿。如果有这样一个律师策划人，他花了10000小时采访和审查律师事务所，你愿意付钱给策划人，让他帮你联系最合适的律师吗？也许你愿意。客户关系管理系统呢？如果你有机会和一位客户关系管理策划人谈谈，他已经测试过所有系统，并能够根据功能、易用性和成本对它们进行评级，你愿意付钱给这个策划人来帮你节省数小时的努力，并确保你能获得最好的并且满足你需求的客户关系管理系统吗？也许你愿意。

这两个场景说明了为什么策划是新工厂市场中的另一种价值创造机会。随着更多选项和信息在每个领域都变得可用，外行人比以往任何时候都更难找到满足自己需求的最佳解决方案。

那么策划人到底是什么？当你听到这个词时，你可能会想到图书馆管理员或经营画廊的人。你说得对，他们是策划人。图书馆管理员会引导你找到最好的书，画廊老板会带你去看最好的艺术品。他们的工作很有价值，因为他们花费很多时间使用专业知识来辨别图书和艺术品的质量。

在旧工厂时代，人们的目标是增加数量，更多产品、经验、可能性。但在新工厂时代，人们的目标是提高质量，更好的产品、信息、体验。在这种环境下，如果你想要数量，就使用技术；如果你想要质量，就使用一个人——策划人。为了让你理解我的意思，请考虑以下3种场景。

策划人场景1：你是癌症幸存者。5年来，你和癌症医疗系统打交道。你非常清楚应对癌症可行和不可行的方法。由于你现在很健康，你决定成为一名癌症护理策划人。你创建了一个名为"癌症一号"的新工厂，当有人成为你的"癌症一号"的会员时，他们会与你会面，讨论他们的选择。你给他们介绍正确的资源，避开错误的资源。你会讲解如何与各种私人机构和公共机构打交道，指出保险问题和如何克服繁文缛节。

策划人的价值在于，你为会员节省了时间、金钱和精力，你帮助他们避免不必要的压力和担心，你也提供了情感价值。你为他们迅速找到品质最好的机构，他们因此更快地获得了所需的帮助，你担任策划人的角色增加了他们从癌症的磨难中幸存下来的机会，这种假设并不那么值得怀疑。

策划人场景2：你喜欢钓鱼。20多年来，你去过世界各地400多个钓鱼点。其中很多都很糟糕，但也有几十个鲜为人知的鱼洞。所以你决定将你对钓鱼的热情转化成打造一家名为"远航捕鱼冒险"的新工厂。在收取会员费的前提下，你把人们带到你策划的鱼洞，并建议到达那里的最佳方式，住在哪里，以及如何钓到鱼。你在几个小时内教会他们你花了20年才弄明白的东西。他们节省了时间和金钱，享受着世界上最好的钓鱼冒险。

策划人场景3：你是一名管理顾问。你阅读了1000多本商业书籍。你决定开办一家名为"激光图书馆"的新工厂，来提供策划价值。你帮助你的会员集中火力，就像激光一样，从所有商业书籍中提取出他们所需要的知识。作为策划人，你可以为会员节省时间、金钱和精力，为他们提供发展业务所需的高质量信息。

这里所提的3种策划人的再度出现在新工厂市场中是一定的。但这一次，策划人会就策划服务收取费用，而不是从销售产品和服务中获得主要收入。所以你会发现，这就是过去30年的问题所在，策划人失去了工作，因为他们并没有因策划人这一身份而获得收益。结果是，市场并没有尊重他们行内人知识的价值。

但是现在，很多消费者意识到，做自己的策划人很费时间，也并不总是行之有效。他们意识到，在线上找到最便宜的旅馆与在线上找到最符合他们需求的旅馆，两者并不是一回事。他们还意识到，同龄人观点服务（例如，猫途鹰）并不总是可靠的，而且很浪费时间。没有什么能够替代一个真正有过实际相关经验的人给出的建议，这一次，他们要为策划人的专业知识付费。

就像教学的案例一样，科技让新工厂思维者提供策划人价值的过程变得简单。策划人比以往任何时候都更容易发现可供评估的选项，然后将最佳选择传达给会员。

所以，作为一个策划人，想一下提供的价值是什么吧。可供策划的选择有100万个，如替代能源系统、儿童护理设施、摩托车、宠物、生育诊所、鞋履、夜店、应用程序、热水浴缸、朝圣场所、反恐方法、辣椒酱、综合公司、自助类书籍、手表、内衣、风筝。任何事都可以拿来策划，这就是市场所需要的，而且过程也可能充满乐趣。

- -

娱乐

- -

在新工厂市场中，你有新的竞争对手：会说话的猫和油管上的名人闹剧。这些娱乐，连同电影、音乐、电视节目、体育和电子游戏，和你竞争潜在客户的注意力。

这就是为什么你需要和客户玩得更开心。你不需要戴上小丑的鼻子或者跳踢踏舞，但是你真的需要为自己的业务注入娱乐性。否则，你会犯下新工厂时代最大的错误——乏味。

在《体验经济》（*The Experience Economy*）一书中，约瑟夫·派恩（Joseph Pine）和詹姆斯·吉尔摩（James Gilmore）解释说，与客户一起开心是一种带来附加价值和差异化的有力方式。20世纪90年代，当我读到派恩和吉尔摩的这本书时，它给了我启示。我从来没有把我的生意当成一场表演，就像上演一出戏。但这是有意义的，所以我们进行了一些改变来改善我们客户的体验。我们从头到尾编写了剧本，让我们的节目更有娱乐性。我记得我开玩笑说，它得是一部喜剧，而不是悲剧，最好是一部浪漫的喜剧，客户不仅爱我们，还会开怀大笑。

我们的新方法奏效了，因为它说明了这样一项关键的营销原则：人们在开心的时候会买得更多。这句话是对的，因为当人们开心时，他们会卸下防备，打开心扉，并且更信任你，这增加了他们购买的可能性。通常是我自己花钱来为客户找乐子，因此他们会更容易接受我的信息。

在旧工厂时代，娱乐在工作场所是不受欢迎的。下班后和周末自然没问题，但工作是严肃的，流水线上不准开玩笑。笑声和快乐妨碍了生产力，而且，自上而下的旧工厂的等级组织结构决定了它并不适合搞笑和度过美好时光。

但是时代变了，新工厂结构不是等级制的，工作和玩耍之间的界限变得模糊。人们希望在工作中获得乐趣，你的客户也一样。旧工厂思维者认为表现得过于严肃能够树立庄重和专业的形象，而这种形象现在变为沉闷和专制，这很让人扫兴。

所以和你的客户开点小玩笑是个好主意。不要过度，一点点乐趣就够了。我的一位客户在她的网站上放了一张鸵鸟的照片，并配说明文字：不要把头埋在沙子里。今天就处理你的安全问题。这张古怪的照片起作用了，它让潜在客户笑着想："没错，我就是鸵鸟，我把头埋在沙子里了。"我的客户认为，这个鸵鸟照片的玩笑是她的生意越来越好的关键原因。

我另一位客户给了一些名人一个裹在泡沫包装纸里的银币。她试图告诉名人，他的钱很不经花。大部分名人会花光自己的钱。她告诉名人们，她会把他们的钱用泡沫包装纸裹住，从而为他们保住这些钱。这个有趣的比喻为她吸引了很多来光顾她生意的名人。他们称她为"泡沫纸女士"。

我还有一位客户，他帮助自己的客户制作了一个死前必做之事的清单。这种有趣的做法使他从镇上其他无聊的财务顾问中脱颖而出，并起到了实际作用。一旦潜在客户完成了人生愿望清单，他们就会更积极地制订财务计划并进行投资。

我的另一位客户给了他的会员一个特殊的津贴。如果他们报名参加他的计划，他们便会得到镇上最好的餐厅的酒柜的钥匙。当他们在那家餐馆吃饭时，就可以打开酒柜，免费喝里面的酒。他告诉我，他的会员喜欢这个做法。"我确信，"他说，"他们中的一些人报名参加这一项目的主要原因是他们能够得到酒柜的钥匙。"

还有一位客户是二手车销售员，他会给顾客一个拥抱。现在，他已经成为加拿大最受欢迎的汽车经销商。这个有趣的点子使他家喻户晓，提高了他的销售额。"有些人来到我们的经销店只是为了得到一个拥抱。"他说。

这些例子表明，增加娱乐价值并不难，你只需要试一试。你需要冒险，但是你会明白最大的风险是没有乐趣。毕竟，如果你的竞争对手提供了更有趣的体验，你就会失去客户。

除了乐趣，你还应该提升客户体验。在传统意义上，与旧工厂打交道并不愉快，去银行或牙医诊所并不是一件令人愉悦的事，他们也不想这么做。但是现在，加拿大的头部银行之一——加拿大多伦多道明银行使用了这样一条标语：银行也可以让人舒适。道明银行正试图将自己与让用户体验不太舒服的竞争对手区分开来。它已经意识到"舒适"和"享受"是顾客渴望的情感价值。

做一些意想不到的事情是提供乐趣的另一种方式。将你的流程稍加改善，以不同于行业标准的方式做事。邀请意想不到的客座专家；在完成流程的一个阶段之后，给你的会员发一个棋盘游戏；当他们完成培训流程中的一项任务时，给他们发送电子奖励；在周一早上给他们打电话，邀请他们参加仅限会员参加的聚会；做一些不同的事，给他们惊喜。

新工厂市场的另一个趋势是游戏化。领先行业的公司已经把它们的营销活动融入游戏。他们使用应用程序和社交媒体，让潜在客户和客户玩一个与其业务相关的游戏。例如，耐克（Nike）有一个跑步应用程序，可以记录你的跑步轨迹，你可以挑战跑得更快更久。当参与者晋级时，会获得徽章或积分。与公司互动的整个体验就是客户爱玩的游戏，这也让他们通过玩耍和娱乐与公司保持联系。

旧工厂思维者通常要严肃得多，他们认为应该公事公办，这是严肃的事情。但现在，严肃可能是一种负担，为人们找乐子可能是一个更聪明的办法。

第四章

新工厂的基础

价值枢纽

本书的核心前提是当今社会的生产资料已经发生了实质性变化。现在它由思想（物质资料）和网络化的营销（生产工具）组成。生产资料的这种变化从根本上改变了市场，现在，任何人都能成为自己的生产资料的主人。然而，要做到这点，我们必须要转换观念，并重新组织为社会提供价值的方式，我们必须舍弃流水线，让自己成为价值枢纽。

当成为价值枢纽，你会帮客户实现他们的远大目标并解决重大问题。你的目标是通过提供任何必要的资源解决问题，即使这些资源由另一家公司或另一个行业提供。你不必推出事先决定好的产品或服务，而是为客户提供一系列的价值，并在此过程中获取财富。

你需要不断转换和适应，根据客户不断变化的需求，发展新的理念和寻找新的资源。为了保持灵活性，你可能发展出了用最低的固定资产运营的架构，并尽量让你的运营虚拟化。

通过向客户"输送"价值，价值枢纽映射了互联网自身的实体架构，在这里，信息通过由各种路由器联系在一起的网络分类和配送。路由器收集碎片化信息"组"并把它们传递到各自终端，在那里，信息"组"将以电子邮件、网页、视频、网络音频和其他各种形式重组并展示出来。

由于互联网及其网络架构已经成为全球经济的主要生产资料，市场和社会变得越来越与之类似。运用新工厂思维并成为价值枢纽运营的企业和个人会更加成功，因为他们组织思想和运营的方法与新的生产资料相匹配。而仍旧按流水线方式运作的旧工厂思维者则相对不成功，因为他们的思维和方法不能与新的生产相匹配。

旧工厂思维者会进一步被边缘化，因为他们的运营结构（流水线）不适应正在兴起的新工厂网络化架构，就像尝试把方形的楔子钉进圆孔。然而，新工厂思维者会与不断壮大的价值枢纽网络无缝衔接，在那里，每个人、每家企业互相之间都会输送和获取价值。

需要强调的很重要的一点是，虽然互联网是驱动价值枢纽出现的生产资料，但这并不意味着价值枢纽必须是技术驱动型。价值枢纽主要是由帮助客户实现远大目标和解决重大问题的意愿驱动的。它在实现过程中需要的远不止技术。

它需要你将客户的目标置于自己的目标之上，要求客观性和创新的意愿，并不断创造新型价值。你还要乐于和他人，甚至可能是竞争对手，一起合作。价值枢纽的这些特性并不依赖技术，实际上，新工厂思维者不会把价值枢纽和任何特定的技术捆绑到一起，因为他们知道技术是不断发展变化的。

大多数旧工厂思维者抵制价值枢纽的理念。他们对产品和服务投入过多，把大量的资金投入到流水线上。他们的这种抵制态度还得到了旧工厂工业群体的支持，包括旧工厂政治家、官员、媒体、银行、能源企业和大型集团。但是他们的抵抗是徒劳的，新工厂及其价值枢纽将会打碎他们的世界，其速度之快将超出他们的想象。

阿尔法枢纽

当新工厂变得强大，价值枢纽经济崛起时，有些新工厂会成为"阿尔法枢纽"，他们的会员人数最多，并能通过其枢纽价值获取最高的价值。小的新工厂会成为这些主流玩家的"贝塔枢纽"。继续按旧工厂流水线方式运营的企业将被边缘化，或完全消失。

新工厂企业已经开始这么玩了，包括苹果、谷歌、脸书、推特和亚马逊。群雄逐鹿，看谁能成为全球最大的阿尔法枢纽。这就是为什么它们在不断并购其他新工厂，并开发新的价值组成，如无人驾驶汽车、智能家居系统和云服务等。他们想要通过自己的价值枢纽在会员交易中占越来越大的比重。

幸运的是，要参与这场游戏，你不需要成为像苹果或谷歌那样的大公司，你可以在特定的客户细分市场上成为阿尔法枢纽。比如，如果你的客户类型是山地自行车手，你可以努力通过自己的网络获取比行业内任何其他企业都高的山地自行车的相关价值。这就是为什么新工厂思维能创造很好的机会，任何人、任何地方都能成为一个阿尔法枢纽。你需要做的就是选择一个还未被发现的细分客户利基市场。一般而言，最初对尚未被触及细分客户进行探索的新工厂相对效仿者有无以伦比的优势，这个游戏属于赢者通吃型。

即时情况

另一个对新工厂思维和价值枢纽范式很关键的概念就是"即时情况"。这是指你的客户需求在每一特定时间和地点都是独特的。换言之，此时的客户需求未必与彼时相同。他们的要求每一年、每一天甚至每一分钟都在变化。

例如，你可能有一家关于健康方面的新工厂，为父母罹患痴呆症的成年子女提供服务。你拥有的价值枢纽能为这一市场提供一系列的产品和服务，但是你也知道会员们的需求在不断变化。因此，你组建了一个团队，他们善于调查会员的特殊需求，你会授权他们提供规模化定制解决方案。

规模化定制

为每个"即时情况"提供独特的"价值包"是新工厂的另一个特点，也是新工厂思维者建立价值枢纽、让大规模化定制成为可能的原因。

旧工厂为了规模生产而设计。其目标是高效地提供相同的产品和服务，并能不断重复。但新工厂的目标是高效提供独特的解决方案，并不断复制。让我们通过下面这种方式观察，旧工厂汽车公司会建造流水线，每5分钟生产一辆相同的汽车，而新工厂汽车公司会建立一个价值枢纽，每5分钟生产一辆独一无二的汽车。事实上，它可能在某个时刻生产一辆汽车，下一时刻生产一个灯罩。关键是，新工厂提供这类规模化定制的效率和旧工厂一样高，因为它就是这样设置的。从根本上来说，它就是作为一个价值枢纽设计的。

规模化定制是市场所需要的。客户的需求不停地变化，每个时刻都是不同的，如果你不能满足客户即时的独特需求，他们会转向能够做到这点的新工厂。如果你的客户真的离开了，竞争对手将替代你成为阿尔法网络。

思考是新的原材料

在价值枢纽中，思想是最重要的活动。一个新工厂思维者总是在思考如何解决其会员的重大问题，实现其远大目标。他不断打磨自己的正模式和反模式，寻找新的策略、创意和资源。最重要的是，他的思考首先针对的是会员的需求，而不是自己。

我们已经到了人类经济史上的一个时刻，在这个时刻，思考是经济的首要原材料，如何运用思想将会决定个人的成功与否和社会的未来。我认为，思想是尚未开发的资源。我们没有正确运用它，其结果是我们不能充分发挥潜能，但当我们把企业和自身当作价值枢纽看待时，我们自然会开始正确地思考，并充分发挥自己的潜能。

链接价值枢纽

一位商人问我："如果每个人都成立新工厂并成为价值枢纽怎么办？那样我的竞争优势不就被抵消了吗？"

他的问题让我有一瞬间犯了难。但是我知道，他没什么可担心的，因为绝大多数旧工厂思维者永远都不会建立新工厂。他们大多数都会驾驶着旧工厂的火车沿悬崖而行。

但是我有更好的答案。"那就太好了"，我说，"每个价值枢纽都会和其他价值枢纽链接起来，共享会员和资源。"

自从给出那个答案后，我愈加坚信，事情会朝那个方向发展。每个价值枢纽都会与其他的价值枢纽联系起来，就像所有的电脑都被互联网链接起来一样。对新工厂来说，向其他新工厂支付或收取荐客佣金都是很常见的事情，这对所有人都是多赢局面，还能极大地提高效率和经济活动的频率。

所以，不要拖延，现在就建立你的新工厂，然后和其他新工厂思维者联系起来。然后向他们输送价值，反之亦然。

想象一下这其中的无限可能。

理念

理念是新工厂的驱动力。新工厂思维者总是在寻找能帮助会员解决重大问题、实现远大目标的创意。他们以一个核心概念——一个大理念——为企业的中心基础。该大理念独立于任何产品、服务或技术之外，因此不会受市场条件变化的影响。无论将来发生什么，新工厂的大理念都是不变的。

新工厂思维者明白，客户购买的是理念，不是产品和服务。当他们考虑购买的时候，其决定是基于产品附加的理念。如果他们喜欢其理念，就会购买；如果不喜欢其理念，便不会购买。

想想开市客，他们的成功源于一个大理念：我们的会员通过大批量购买来省钱。这就是为什么开市客销量如此之大。他们的"会员"被心中这一理念驱使着：多买是在省钱，买得越多，越省钱。

你肯定听说过这句宣传语：在拉斯维加斯发生的事，都留在拉斯维加斯（Whatever happens in Vegas, stays in

Vegas）。这是大理念的另一个例子。它把这种想法根植于人们心中，在拉斯维加斯可以疯狂一把，因为回家后不会有人知道，你可以尽情享受美好时光。拉斯维加斯用这种理念把自己与其他竞争对手区别开来。世界各地有成千上万家赌场，但是世界上只有一个拉斯维加斯。

需要强调一点，客户不必知道他们心中有个大理念。它可以是下意识的，但仍然能够对他们的行为起到推动作用。此外，大多数旧工厂思维者并不知道自己向市场投射了什么理念。他们的思考还没有到理念的层次，只是简单地围绕其产品的特点、用处和价格进行销售。

这就是为什么新工厂思维者更加注重赋予其企业大理念，他们不仅仅是创造一个宣传语或者吸引人的句子，而是把大理念当作企业发展的基石。

之前我们谈到过，大理念有三个主要组成部分：要努力帮客户实现的远大目标，要努力帮客户解决的重大问题，以及用来实现远大目标和解决重大问题的标志性解决方案。

当你传达这些观念时，客户在心里便形成了对你的看法。你的目标是让他们看到你正在做一些崭新的、更好的、与众不同的东西，这些事情能把一切提升到更高水平。客户在心里形成这些观念"组合"后，他们会认为你独树一帜，且比竞争对手更优秀。

除了大理念的三个主要组成部分，新工厂思维者还努力塑造以下观念：

- 我们的企业一切为了你，而不是我们自己。

- 我们是专业人士，不是销售人员。

- 我们在努力帮助你实现自己的目标。

- 我们不是单纯向你销售产品。

- 我们是客观的。

- 我们正在从事伟大的事业，希望你也加入其中。

- 我们永远都处于前沿。

- 我们很有趣。

要记住，大理念的一切为了客户及其抱负。它是你在努力帮客户实现的目标，例如，你可能要帮他们：

- 在奥运会上赢得金牌。

- 比之前健康10倍。

- 获得学术成就。

- 享受美好人生。

- 增强人际关系。

- 成为优秀的环境管理人员。

- 达到内心的满足。

- 开发艺术天赋和创造能力。

注意，你的大理念是个建议，建议客户去追求一个远大目标，其策略是让他们满怀激情地去实现远大目标。然后帮他们尽量改进理念，并将之具体化。例如，你的大理念可能帮人们把享受生活的体验提升20倍。随后你要帮助会员明确大理念对他们意味着什么，比如每天打打高尔夫球，或多陪陪孙子。

在新工厂时代的未来，大多数价值以理念的形式交付。经过正确的包装和营销，大理念会警示人们之前从未意识到的危险，激励他们实现之前从不敢想象的目标。理念会让人们走到一起，为他们的生命赋予更重要的意义，还能让人们全身心地投入其中。

在旧工厂时代，生产力和效率被认为是成功的关键。但是在新工厂时代，大理念更加重要。支持并培养大理念将成为首要活动，孩子们从很小的时候就学会头脑风暴、设置事务优先顺序并实践大理念。政府部门会把创造大理念当作头等重要的事。而能创造出最佳大理念的企业会变得最成功。

所以，你的大理念是什么？

无重化

新工厂未来的每一天，经济的重量都在变得越来越轻。在每个单位价值的交付过程中，单位的重量不断降低至几乎无重量。

我们已经开始见证这一趋势。由于数字革命，用来交付电影、音乐和新闻报纸的设备重量大幅下降，电气用品和个人电子产品变得越来越轻，同时质量和功能却不断提高。以往企业用自己的服务器存储数据，现在则改用云服务。无论从哪方面看，都是朝更轻、更好、更虚拟化的趋势发展。

很多旧工厂思维者仍然把实物等同于成就。其企业拥有的物品越多——建筑、桌椅、卡车、电脑——他们就觉得自己越成功。但是新工厂思维者的想法不同，他们尽可能去除实物，使其变得无重量。

无重的新工厂远胜于沉重的旧工厂。想想优步，这家公司的"重量"如何？比出租车公司"轻"多了，因为优步一辆出租车都没有。优步的司机拥有车辆的所有权，而优步则没有车辆所有权，也不必拥有。

爱彼迎呢？谷歌、亚马逊、易贝、苹果和脸书呢？这些公司也没多"重"，但是他们都价值上亿元。怎么会这样呢？因为它们是新工厂，制定的战略是让公司尽量"轻"。

客户不关心你是否有办公室、办公桌、卡车或生产设备。他们只是想从你这里获得价值，而并不关心你如何做到。一个华丽的办公室或者一整队卡车会给客户留下好印象的日子一去不复返了，因为客户知道这些物品都会被包含到产品成本里。如今，如果你能用无重、虚拟的形式运营，花更少的费用，用更快的速度交付价值，就会给他们留下更好的印象。

无重化能帮助公司节省费用，而且能促进价值创造。当你去除固定资产，根据需求使用外包资源，企业会更以价值为动力。你花在运营事务上的时间将更少，会有更多的时间帮助顾客。你还会更加敏捷，因为不用被太多东西束缚。

几年前，我形成了无重公司的观点。那时，我有一大群职员、两个办公室、很多办公桌和电脑，我经常偏头痛。每天我得去办公室面对不同的运营问题：复印机坏了，一名员工生病了，灯泡烧掉了，电脑服务器崩溃了……

我受够了，觉得一点儿意思都没有，赚的钱也不够多。每月的固定开支高昂，最糟糕的是，我很少有时间帮助客户经营他们的大理念。很明显，企业的重量正在阻止我向客户交付最大化的价值。

因此我决定朝着无重化的方向发展。经过3年的时间，我帮助职员找到其他工作，或帮他们成立自己的公司。我处理掉了所有办公桌、服务器和电话设备等。"什么都不留"是我的座右铭。

我的减重项目令人非常兴奋。每当处理掉些什么东西的时候，我都会觉得自己获得了解放。偏头痛也越来越少发作，我感觉更加放松了。我还能把更多的时间放在客户和他们的大理念上。

最有意思的部分是，把物品处理掉迫使我思考：我实际为客户提供的核心价值是什么？有什么是其他供应商可以提供的？答案显而易见：大理念。我们交付的最具价值的东西就是大理念。其他所有东西都是可以由其他人提供的琐事。最酷的是，为别人提供大理念时，我不需要成吨的实物支持。

今天，当写这些文字的时候，我还是有办公室的。我需要有个地方来和会员会面，但是地方比以前要小得多，我不需要一个又一个的房间来容纳旧工厂的东西，这样做的好处是我的花费更少，但是地方更漂亮，地段更好。

至于员工，他们都虚拟办公。我有一个助手帮忙接电话和预约，她在家里办公，住在离办公室约50千米的地方。我的首席平面设计师住在离办公室300千米以外的地方。我还有个由30个其他供应商组成的虚拟团队，其中有一些人居住在地球的另一边。

去除旧工厂的那些重量后，我感觉年轻了10岁。我有更多的时间与会员一起致力于大理念，而且由于不再处理过多的运营事务，我有更多时间享受生活。我还能在任何地点工作，昨天我在一家星巴克工作，前天我在图书馆工作，而今天，我在家，在厨房里工作。我的束缚更少，自由度更高。顺便说一下，我的收入翻番，因为在收入稳定的同时固定开支缩减了一半。

在某种层面上，我的商业模式是一种生活方式的选择。我想通过做生意获得更好的生活。同时这也是正确的方向，因为新工厂市场正在奖励轻型企业，惩罚重型企业。轻型企业更具竞争力且更加灵活。他们能用更好的价格提供更多的价值。这就是为什么每家重型旧工厂必须时刻警惕无重的竞争对手，轻型企业将会远远超越他们。

下面是一些让企业减重的方法。

- 使用虚拟的云服务。

- 让你的员工居家办公。

- 把企业中所有不能为会员提供价值的物品全部舍弃。

- 缩小规模，但是让办公空间更好，甚至可以完全摒弃办公室。

- 称一下你的公文包，想办法减掉其50%的重量。

- 扫描文档，并电子化，包括存档文件。

- 处理掉文件柜。

有一本伟大的书能在这方面提供帮助，就是近藤麻理惠所著的《怦然心动的人生整理魔法》，麻理惠建议把所有东西放在自己手上（如果可以的话），然后决定它是不是能给你带来快乐，如果不能，就把它们处理掉，如果的确能带给你快乐，就保留下来。你可以把"快乐"替换成"价值"，只留下能够为客户提供价值的东西。

诚然，我的公司是小型公司，但我是个企业家，我的动作比大公司快捷得多。但是像我这样的企业家的一个典型特点是，比潮流趋势反应更快，如果不是破产更快的话。这就是为什么我能预见这种去重化趋势正向各行各业蔓延，这是由市场决定的。在未来几年内，轻型企业将会打败重型企业，最终所有成功的企业都会变得几乎无重。

四季酒店（Four Seasons）是世界上极其成功的连锁酒店之一，大多数酒店并不归其所有，它把品牌及其运营体系授权给实际拥有酒店的人。四季酒店明白拥有酒店所有权风险很大，而且资本会比较密集。它通过向顾客提供价值来盈利，让其他人承担其重，而它自己几乎是无重的。

与其极力积累很多实物资产，不如努力积累无形资产，例如：

- 你网络里的订户、会员和供应商。
- 可续交的会员费。
- 商标和域名。
- 专利系统和项目。
- 在线服务和系统。

尽可能地利用其他公司的资源，让它们承担成本和风险。在新工厂时代，拥有旧工厂方式的生产不是正确的生财之道。机器和其他工业设备很快会被淘汰，维护它们需要大量的时间和精力，这些时间和精力本可以用来创造和提供价值。

所以，现在开始减重吧，越轻越好。

特别说明一下，外包在某些领域是一个敏感话题。一般认为企业家们应该创造工作机会而不是减少工作机会。但是市场并不是理想化的，它只留下自己想要的。这就是为什么有些职位会被替代。在新工厂时代，固定职位会减少，但是工作机会会增加。全职员工少的企业会更加成功，积累更多财富，从而有能力招聘更多的人做更多的事情。但是工作的人并不是员工，他们会是运营价值枢纽的新工厂企业家。这些新工厂企业家会更加自由，并能比旧工厂员工收入更高。

这就是我强调价值创造的原因。否则，人们尤其是年轻人将会浪费多年时间寻找一份工作，而他们本来是可以用这些时间打造新工厂的。

慢下来

我在旅游学院学习的时候做过服务员。那是一份具有企业家性质的工作，因为我可以通过向顾客提供附加价值赚取大笔小费。其中一个方法就是问他们一个简单的问题：你想要快一点就餐还是慢一点？

有些老主顾希望快一点：他们想要在45分钟后去看电影，也有一些顾客想要慢一点：他们在为特殊日子庆祝——比如生日或者周年纪念——所以要花3小时用餐。

这一问题让我的小费翻番。我为想要快一点的顾客提供快速服务，他们给我一大笔小费，我对希望慢一点的顾客提供慢一点的服务，他们同样给我一大笔小费。而其他服务员为所有人提供同样速度的服务，从开始到结束大约90分钟，他们只能拿到很少的小费，因为需要快一点的顾客会错过电影时间，而想要慢一点的顾客觉得他们的庆祝活动进行得太仓促。

这一经验让我学到了有的客户想要快，而其他一些客户想要慢，因此，我建议你的新工厂要分成两个部分：快和慢。

在旧工厂时代，速度和效率是主要目标：加快流水线速度，生产更多产品，越来越快。当然，提高的生产率增加了公司的利润，提高了人们的生活水平，但是也导致一些不利情况的产生：我们的生活步伐加速了。现在我们把日子过得很匆忙，努力取得更多成就，结果遭受巨大压力，最终筋疲力尽。因为匆匆忙忙，我们不会停下来思考自己所做的事情。我们很少慢下来观察事物的全貌，制定清晰的目标，或为未来做更好的规划。

新工厂思维者了解这一重大问题，并为客户提供慢下来的机会。他们提供选择的机会：快或慢。如果客户想很快获得产品或服务，他们就快速交易，如果客户想要慢，他们提供一个综合的、逐步的过程。在第一种情况下，想快的客户得到了自己想要的结果：快速拿到价格有竞争力的产品；在第二种情况下，想要慢的客户也得到了自己想要的结果：用优质的价格得到一个充满关爱的人的时间和关注。其中的区别就像快餐店和美食饭店。

很可能你已经有一家旧工厂，能以有竞争力的价格快速提供产品和服务。有一位客户告诉我："我的保险经纪公司是城里最好的'热狗'了，只是我赚的钱不够多，因为所有竞争对手都在卖一样的'热狗'，利润不断下降。"

我建议他继续运营旧工厂，继续向客户销售"热狗"，如果那是他们想要的东西的话。但同时也创建一个新工厂，用尊享价提供慢速的"美食服务"。很多客户都愿意为"美食服务"支付一大笔费用，这就像花3美元买个热狗和花300美元享用美食大餐的差别。

所以，你想为客户提供什么来作为"美食大餐"？刚开始的时候，你的"美食大餐"做得很慢，你会花很多时间在他们身上，并投入所有注意力。在此期间，你会做很多本书中谈到的事，提供免费价值，让他们认识到自己的重大问题，以及能实现的远大目标。如果他们加入会员，你会提供标志性解决方案，帮他们绘制实现远大目标的蓝图，通过一站式商店向他们提供资源。你还会定期和他们会面，保证他们沿着正轨走，日积月累，帮他们实现转型。

这种慢项目会为你的会员提供巨大的价值。让他们有机会深刻思考自己真正想要实现的目标，帮他们制定一个长期规划，让他们朝着目标不断努力，并使用更少的资源实现更好的结果。慢下来还能提供重要的情绪价值，会员会感觉更加放松和自信，更加安全、有依靠，更加有成就感和与外界有更好的联系。他们内心还会获得极大的平静，一切都将变得美好。这就是为什么喜欢慢下来的会员愿意支付300美元，而不仅仅是3美元，因为他们的收获要多得多。

强调一点，并不是所有潜在客户都愿意为你的慢项目支付300美元，也许只有十分之一，甚至百分之一。但那也没关系，与你签订慢项目的人能比买你"热狗"的人提供更丰厚的利润。最终，你会拥有一大批"美食"会员，并关掉销售"热狗"的旧工厂。

在旧工厂时代，财富产生于"快"。速度越快，创造的财富越多。因此，所有事情，所有人都得加速。但是借助加快增长以获得更多的情况已达到了收益递减点，它创造了如此过剩的供应，导致大多数产品和服务变成了低利润商品。加速还把我们变成了机器的奴隶，而机器正在以指数级提速，我们无法跟上它们的节奏。

在新工厂市场环境下，慢就是新的快。随着经济进化成相互联系的价值枢纽网络，花更少精力能创造更多价值，不再需要通过更快运转来创造财富。你将通过慢速创造更多财富，通过花时间深思熟虑，并变得更有创意，我们能够创造一个更平静、更繁荣的社会。

所以，慢下来。

卓越

很久以前，一位王后和国王正在建造一座城堡，但是这个项目不断被工期延误和预算超支所困。事情变得糟糕无比，这对皇家夫妇决定亲临施工现场。当到达现场时，他们看到两个工人在一个沟渠里工作。他们问第一个工人："你在做什么？"这人回答道："我在挖沟，我是整个王国最擅长挖沟的人。"随后，他们问第二个工人同样的问题，他的回答让他们很吃惊："我正在帮你们建城堡，而且我有一些关于怎么能更快、更好、更节省费用地建造城堡的想法。"

王后和国王被打动了，他们让第二个工人放下铁锨爬出沟渠。"那么，你有什么想法？"他们问。接下来20分钟内，第二个工人分享了他的观察、想法和建议。等他说完，这对皇家夫妇聘请他做城堡建造咨询师。

6个月之后，城堡准时且按照预算建成，这对皇家夫妇举办了庆祝宴会。为了表示感谢，他们邀请了第二个工人。宴会上，皇家夫妇把他介绍给其他王后和国王，并推荐他的服务。"没有他，这座城堡可能永远都建不好。"他们说。

在随后10年里，第二个工人指导建造了另外30座城堡，他被称为整个王国里最好的城堡建造者。在这期间，他变富有了，并建造了自己的城堡。

一天上午，城堡建造者决定进城。当他驾驶着马车进城时，他看到一队人在路边挖沟，他认出了自己的前工友——第一个工人，那人正在拿着铁锹卖苦力，身上沾满灰尘和汗水，他看起来衰老而疲惫。城堡建造者能听到他的这位朋友在向其他工人吹嘘："我是整个王国最擅长挖沟的人。"

这则故事的寓意是什么？第一个工人和第二个工人之间有什么区别？为什么第一个工人始终只能挖沟，而第二个工人则成为富有且有名望的城堡建造者？

第二个工人是新工厂思维者，他能看到全景。他知道自己的工作不仅仅是挖沟，同时也是在建造城堡。即使在担任挖沟工人这么低的职位时，第二个工人也明白他工作的远大目标是什么。因此，他从沟渠里抬头向上看，想到能帮助客户，即王后和国王，更好地建造城堡的方法。借助这种洞察力，他把自己的聪明才智和创造力充分发挥出来，想到了一系列价值创造的主意。当机会来敲门时，他已经做好了准备。

运用新工厂思维，第二个工人超越了最初的位置，担任了更高的、能获得更丰厚收入和更多成就感的职位。他完成了从基于时间和努力的低端价值向基于创意、战略和结果的高端价值的转换。他还从做任何人都能做的事情发展到了提供稀有价值。所有这些因素都让他变得更成功。

大部分工人都有建造城堡的潜能，但是他们安于通过挖沟来赚钱。他们在沟渠里努力工作，却忘了挖这些沟渠的最终目的是什么。雄心勃勃的人可能会犯更大的错误，他们会努力成为最好的挖沟工人。这是个错误，因为即使最好的挖沟工人也只能赚有限的钱。而且在大多数情况下，客户不关心他们是不是最好的，在客户心里，挖沟工人可能根本不值一提。

这就是我写这本书的目的。我希望你，还有所有其他人都能充分发挥潜能。我想要你完成从挖沟工人到城堡建造者的转变。但首先，你要意识到这是可能的，然后更新观念：开始考虑建造城堡，而不是挖沟渠。

二楼策略

走出沟渠，实现卓越的另一个方法是占据二楼。你可以这么想：假设自己所在行业的所有竞争对手都参加一个展会，每家企业都有自己的展位，他们会解释为何自己的产品和服务更好，但客户能感受到的是，所有的卖家基本都一样，唯一的区别是价格。

因为你是新工厂思维者，所以你会使用不同的策略。你在展会的一楼设了展位，但同时还在二楼搞了一些空间。好的一点是：你是二楼唯一的一家。当潜在客户来你的展位时，你邀请他们去二楼，说："楼上更安静，我们能有时间互相了解，我还有一些关于如何把事情做得更好的想法。"

在二楼，潜在客户平静下来，你们进行了卓有成效的商谈。你指出了他们现有的问题和当下的目标，然后你解释了他们还没发现的重大问题，并让他们对远大目标充满热情。然后你说："我们可以在二楼——在更高层次上——和你合作。当然，你也可以下楼去用一楼的供应商，你可以选择我，要么选择我的竞争对手。"

这个例子诠释了卓越的力量。通过把一切提升到更高层次，你脱颖而出，成为独一无二的那个。你还让顾客提升到更高层次，他们会把你看作充满关爱的专家而不仅仅是卖家或销售员。

当你进驻二楼后，你也会对市场有更清晰的看法，你能看到一楼的旧工厂不能满足客户全部需求，这能让你获得如何满足客户的这些需求的灵感。另外，你还能看到如何与一楼的竞争对手合作来赚钱。

身处二楼还能让你感觉良好。你能运用更多知识、技能和才华。你的工作更有成就感，也更有意义，因为你可以帮助人们解决更大的问题，实现更高的目标，让他们产生更深刻的转变。

那么，是什么在阻挡你？请停止挖沟，去建造城堡吧。停止在一楼与竞争对手厮杀，进驻二楼，实现更卓越的自我。

幸福

旧工厂思维者基于这一等式运作：更多的消费等于更多的快乐；而新工厂思维者使用不同的等式：使用更少的资源提高幸福感。

在旧工厂时代，任何人、任何事都以生产和消费为中心。当机器、流水线和生产流程变得效率更高，世界也变得更繁荣了。人们赚取更多钱，购买更多东西。千百万人脱离了贫困，即使不富有，也至少生活富足，不再仅限于生存层面，很多人感觉更快乐。旧工厂等式成立。

但是旧工厂等式不再像以前运转得那么好了。每个行业都充斥着旧工厂，销售相同的东西。电脑和机器人正在替代劳动力，很多消费者已经拥有了所有必需的物品，他们发现物质充足并不能满足他们对幸福的所有需求。

在这种环境下，通过销售更多东西赚取更多钱会非常困难。这就是为什么你需要寻找新的方法，提供能让所有事情提升到更高水平的价值，而价值的最高水平是幸福。

幸福是价值的终极形式，因为那是所有人的深层次需求。从生命产生的最开始，我们便寻求舒适、爱、联系和内心的平静。

但是在这条路上的某处，旧工厂思维者忽略了幸福。他们被生产和消费的旋风裹挟，迷失了方向。就像挖沟渠工人忘记了城堡一样，旧工厂思维者忘记了幸福。

由资源消耗驱动的旧工厂时代是一个好的开端，但并不是故事的结尾，它只是第一阶段，由价值枢纽驱动的新工厂时代是第二阶段。我们将会发现越来越多的幸福，包括体力、智力和情绪上的，因为新工厂发明了各种方法来交付它们。整体的资源消耗将会下降，而幸福驱动的经济活动会增加。

让我再明确一下，朝着由幸福驱动的经济和市场前进并不是理想化的愿望，而是市场力量的必然结果。消费者对幸福的追求会创造需求，富有企业家精神的新工厂思维者在满足这些需求的过程中创造利润。这就是为什么新工厂时代的出现会如此令人兴奋。它不受意识形态驱动，而将由市场力量驱动。

运用本书中讲述的观念和策略，今天就开始建立你的新工厂吧。追求帮助客户用更少的资源追求更高层次的幸福。

只要你有良好的愿望，并希望可以帮助他人，你就能找到最好的实现方法。

所以不要拖延，现在就开始建立你的新工厂吧。

新工厂的未来

深陷在沟渠里，困于旧工厂思维，会对未来产生很多恐怖的念头：万一竞争对手挖沟渠的价格出得更低怎么办？万一技术替代了人工挖沟渠怎么办？万一挖沟渠的需求消失了怎么办？

当这些关于未来的担忧产生后，旧工厂思维者会努力忽略它们，并继续挖沟渠。"只要努力工作，一切就会好起来的。"他们对自己说。

但新工厂思维者不担心未来，他们能看到世界的发展方向并拥抱它，他们满怀信心，因为无论未来发生什么，他们的新工厂都是为了提供价值而设计的。他们不担心竞争对手，而是超越并与竞争对手合作。他们不害怕技术，而是利用它为自己及会员赋能。与其担心需求会枯竭，他们会通过给市场带来新的、更好和与众不同的大理念创造需求。

的确，新的世界正以超出大多数人想象的速度到来。指数级增长已经在很多领域发生，在接下来的几年里，会看到廉价太阳能与智能电网、无人驾驶汽车、物联网相连。新的货币会出现，3D打印机将改变制造业，医药、交通、营销和基因工程等方面会迅猛发展。

这些变化，还有其他未预见的变化会从各个层面上改变社会。我们之间互相联系的方式会发生改变，我们的思想和信念会发生改变，我们的工作方式也会发生改变。

社会将发生深度分化，旧工厂有千百万份工作会消失，但是新工厂思维者会获得成功，并创造新型经济。他们创造的财富会使旧工厂时代所创造的财富相形见绌。

我坚信，新工厂思维者会为所有人创造一个更好的世界，希望你会是其中一员。